Liberación espiritual del Hogar

Proteja su casa y su familia de la contaminación espiritual

EDDIE & ALICE SMITH

Buenos Aires - Miami - San José - Santiago

www.editorialpeniel.com

Liberación espiritual del hogar
Eddie & Alice Smith

Publicado por:
Editorial Peniel
Boedo 25
Buenos Aires C1206AAA - Argentina
Tel. (54-11) 4981-6034 / 6178
e-mail: info@peniel.com.ar

www.editorialpeniel.com

Originaly published in english
under the title: *"Spiritual house cleaning"*
Copyright © 2003 Alice y Eddie Smith
by Regal Books,
A Division of Gospel Light Publications, Inc.
Ventura, CA 93006 U.S.A.
All rights reserved

Traducido al español por: Karin Handley
Copyright © 2004 Editorial Peniel

Diseño de cubierta e interior: arte@peniel.com.ar

ISBN N° 987-557-027-3
Edición N° I Año 2004

Ninguna parte de esta publicación puede ser reproducida en
ninguna forma sin el permiso por escrito del autor o la editorial.

Todas las citas bíblicas han sido extraídas de la Biblia versión Reina Valera
Revisada, versión 1960, Sociedades Bíblicas Unidas.

SEA RESPONSABLE:
Por favor, utilice cautela y sabiduría antes de destruir antigüedades, mobiliario, joyas y otros elementos de valor monetario. El Espíritu Santo debe dirigirnos en todo lo que hagamos al limpiar espiritualmente nuestros hogares. Colosenses 3:15 nos recuerda: *"Y la paz de Dios gobierne en vuestros corazones"*.

Impreso en Colombia
Printed in Colombia

Elogios para

Liberación espiritual del hogar

Eddie y Alice Smith y su libro *Liberación espiritual del hogar* logran captar de manera grandiosa los temas que acosan a muchas personas a causa de las violaciones históricas y espirituales ocurridas en su propiedad, antes de que la compraran. Esto puede incluir también sus casas. Creo que este libro es esencial porque comprende el modo en que operan los poderes espirituales, y nos muestra cómo combatir estas fuerzas para asegurar la presencia de Dios.

John Paul Jackson
STREAMS MINISTRIES INTERNATIONAL
AUTOR DE DESENMASCAREMOS EL ESPÍRITU DE JEZABEL.

Si ignoramos los artilugios del diablo, seguramente el diablo podrá aprovecharse de nosotros. Con la *Liberación espiritual del hogar*, Eddie y Alice Smith han expuesto ante el mundo estas artimañas y han asestado un fuerte golpe al reino de las tinieblas. ¡Este libro le ayudará a romper cadenas que atan a lo satánico, lo liberarán para vivir una vida en victoria!

C. Peter Wagner
DIRECTOR DEL, WAGNER LEADERSHIP INSTITUTE
AUTOR DE APÓSTOLES DE LAIGLESIA DE HOY.

Oseas dice: *"Mi pueblo fue destruido porque le faltó conocimiento"* (4:6). Alice y Eddie Smith enseñan verdades prácticas y proféticas que le traerán más libertad a usted y su familia. Recomiendo este libro como sobresaliente.

Dr. Ché Ahn
PASTOR, HARVEST ROCK CHURCH, PASADENA, CALIFORNIA

Muchas de las cosas del mundo que se consideran de moda, son en realidad, fetiches. Dios ha abierto los ojos del entendimiento de Eddie y Alice Smith para que nos enseñen cómo mantener estas cosas alejadas de nuestros hogares. ¡Abra su corazón al mensaje de este libro y disfrútelo!

Kim Daniels

Este libro es un mensaje que llega a tiempo para el Cuerpo de Cristo, con un llamado a un nuevo nivel de santidad. Hemos mantenido abiertas al enemigo nuestras puertas espirituales en las iglesias, los hogares y los corazones. Alice y Eddie Smith nos dan las llaves para liberarnos de los obstáculos demoníacos que se han infiltrado en nuestro camino con Dios.

Francis Frangipane
AUTOR DE EL REFUGIO DE DIOS.
PASTOR, RIVER OF LIFE MINISTRIES, CEDAR RAPIDS, IOWA

La Biblia nos amonesta: *"Ni deis lugar al diablo"* (Efesios 4:27). Eddie y Alice Smith nos muestran cómo, por ignorancia o descuido de nuestra parte, el diablo se aprovecha de nosotros por medio de las cosas que poseemos. Desde las Escrituras y su experiencia personal, nos indican la importancia de la *Liberación espiritual del hogar,* y cómo hacerla.

Frank D. Hammond
AUTOR DE CERDOS EN LA SALA.

Satanás y las fuerzas del mal hacen todo lo posible por desalentar a los cristianos, incluso intentar invadir nuestros hogares. Esto es parte del conflicto en el mundo invisible. Debemos conocer y eliminar los modos sutiles en que Satanás nos ataca e intenta robarnos nuestras bendiciones, en el lugar en que vivimos. Eddie y Alice Smith nos señalan por dónde comenzar: por nuestras almas y hogares. Nos muestran cómo limpiar nuestras actitudes y cada uno de los lugares físicos en los que vivimos. Los Smith nos ofrecen una guía paso a paso para lograr autoridad sin límites por sobre los demonios, y así reclamar nuestros hogares para gloria del Señor. Nos muestran cómo aplicar la verdad bíblica de que en el orden maravilloso del Señor, *"Quién está en ti es más grande de lo que es en el mundo"* (1 Juan 4:4).

Pat Robertson
CONDUCTOR DEL CLUB 700
DIRECTOR EJECUTIVO DE THE CHRISTIAN BROADCASTING NETWORK

¡La *Liberación espiritual del hogar* es una herramienta práctica para todo creyente comprometido a vivir una vida santa y libre! Personalmente, he visto a personas de todo el mundo acercar cientos de elementos a un altar de arrepentimiento, para romper sus lazos con el pecado. Recomiendo especialmente este libro, porque está escrito por muy buenos siervos del Señor, Eddie y Alice Smith, que han acumulado experiencia en el tema durante más de treinta años. Este libro es un regalo de Dios para el Cuerpo de Cristo, en todo el mundo, y ofrece enseñanzas e instrucción sobre cómo mantener nuestros hogares y vidas libres de toda basura espiritual.

Sergio Scataglini
AUTOR: EL FUEGO DE SU SANTIDAD.
PRESIDENTE DE SCATAGLINI MINISTRIES, INC.

Contenido

Prefacio 9
¿Por qué escribimos este libro?

Capítulo uno 13
DISCERNIMIENTO ESPIRITUAL
A través de las Escrituras vemos evidencia de que las cosas físicas a veces pueden conllevar un significado espiritual. ¿Qué es lo que Dios nos dice acerca de nuestras pertenencias en nuestros hogares? ¿Estamos dispuestos a examinarlas a la luz de la palabra de Dios?

Capítulo dos 37
¿A QUIÉN LE GUSTARÍA VIVIR EN UN HOTEL EMBRUJADO?
El mundo de los espíritus es real, existe paralelamente al mundo natural. Tanto los espíritus angelicales como los demoníacos, pueden estar viviendo en su hogar. ¿Cómo puede usted saberlo? ¿Debiera preocuparlo? Descubra cómo las actitudes, conductas y pertenencias de su familia pueden determinar la presencia espiritual predominante en su hogar.

Capítulo tres 49
SÍNTOMAS DE CONTAMINACIÓN ESPIRITUAL
Los hogares, al igual que la Tierra, pueden contaminarse espiritualmente. ¿Cuál es la evidencia que demuestra que una casa está espiritualmente contaminada?

Capítulo cuatro 59
CAUSAS DE LA CONTAMINACIÓN ESPIRITUAL
¿Es Halloween una fiesta inocente? ¿Y qué hay de Harry Potter? Conozca las fuentes de la contaminación y qué puede hacer usted por eliminarlas.

Capítulo cinco 73
EN EL LUGAR MENOS PENSADO
Históricamente, cuando las personas hacían contratos y acuerdos entre sí, sellaban el acuerdo mediante regalos. A veces el resultado es un vínculo espiritual no santo. ¿Qué es un vínculo espiritual no santo? ¿Cuáles son las cosas de las que los cristianos ni siquiera pensamos que pudieran ser obstáculos espirituales?

Capítulo seis 87
EL PROCESO DE PURIFICACIÓN
¿Por qué nos falta poder? ¿Por qué se ve comprometida nuestra autoridad ante el enemigo? ¿Por qué tarda en llegar el reavivamiento? ¡Siga el proceso de purificación de siete pasos, y vea cómo su hogar y su vida cambian para siempre!

Anexo A 101
Revisión personal

Anexo B 103
Recursos recomendados

Anexo C 105
Contactos de ministerio

Glosario 107

PREFACIO

¿Por qué escribimos este libro?

*I*magine que hubiera una plaga de serpientes de proporciones bíblicas en su ciudad. La casa en la que usted vive está repleta de víboras ponzoñosas, letales. ¿Cree que sería importante que usted se asegurara que *algunas* de estas serpientes fueran eliminadas? Ni siquiera pensaría en esa opción, ¿verdad? ¡En absoluto! Usted insistiría en que se eliminaran *todas* las serpientes, antes de que usted y su familia volvieran a vivir allí. ¿Podría dormir en paz si pensara que ha quedado siquiera *una* serpiente venenosa en algún lugar de su casa?

¿Creería usted que puede haber pertenencias en su hogar ahora mismo, que representan una amenaza espiritual para usted y su familia, como si fueran serpientes venenosas? La familia cristiana promedio, puede ni siquiera estar al tanto de la necesidad de limpiar espiritualmente su casa para poder experimentar la presencia de Dios en paz. Es por eso que escribimos este libro.

Muchos sufrimos hoy porque a veces –sea adrede o por ignorancia– hemos llevado pertenencias y asumido conductas en nuestros hogares, que contaminan la atmósfera y le dan al diablo el derecho de afectar nuestras vidas y las de nuestros hijos. Esta contaminación puede venir tomando diversas formas: estatuas de dioses foráneos, amuletos "mágicos", *souvenires* de pecados pasados. Cualquiera sea su forma, Dios no quiere que poseamos objetos impuros, porque invitan al diablo a hacer desastres en nuestras vidas y corazones. Claramente, no es este el modo en que Cristo desea que vivamos. Pablo nos dice en 1 Corintios 10:20: *"Y no quiero que vosotros os hagáis partícipes con los demonios".*

Para el lector novato, parte del contenido en este libro puede parecer algo supersticioso. Comprendemos de dónde viene usted. Según la definición de "superstición" –del diccionario de la Real Academia Española–* hay quien puede llegar a creer que nuestra fe en un Dios no visible y en un mundo espiritual, es superstición. Para nosotros, la superstición es creer en una persona, lugar o cosa que no sea el Dios todopoderoso y su palabra infalible. No nos arrodillamos ante el legalismo ni ante la superstición, sino antes principios bíblicos y prácticas probadas que en verdad pueden liberarnos a nosotros y a nuestros hogares de todo yugo espiritual.

Dicho esto, la cruz y la resurrección de Cristo han establecido nuestra autoridad por sobre el diablo. Como Jesús nos ha dado su autoridad, debemos vivir a la ofensiva (ver Mateo 10:1; Lucas 19:10; Efesios 6:10).

Por esta razón jamás debiéramos temer al diablo y a los demonios. Jesús dio el ejemplo cuando nos enseñó a orar: *"Líbranos del mal"* (Mateo 6:13). La liberación del Señor siempre está allí para quienes eligen caminar en la senda de la rectitud. Sabiendo esto, como hijos del Rey, cambiamos nuestro temor por libertad. Pero para vivir plenamente nuestro legado, debemos asegurarnos de que no haya en nuestras vidas y hogares nada que pudiera obstaculizar nuestro compromiso con Dios.

¿Qué significa para nosotros los cristianos la pureza de corazón? ¿Qué significa amar a Dios con todo nuestro corazón, con toda nuestra alma y con toda nuestra mente? Significa no permitir que Satanás acceda a ningún aspecto de nuestras vidas y mantenernos así libres de lo impuro. Significa no darle a Satanás lugar alguno ni oportunidad alguna (ver Efesios 4:27).

¡Hoy es un nuevo día para la Iglesia! Es tiempo de que la Iglesia de Jesucristo despierte. Ya no podemos seguir viviendo en la carnalidad del mundo y esperar que el Señor haga "la vista gorda". Hoy Dios nos llama a un nuevo nivel de santidad. Necesitamos limpiar la atmósfera de nuestros hogares y de nuestros corazones. Esta limpieza a menudo implica la eliminación de ciertas pertenencias físicas. ¿Cuáles?

Hemos escrito este libro para enseñarle a caminar con prudencia y para ejercitar el discernimiento espiritual (ver 1 Corintios 2:15; Efesios 5:15). Puede ser este el número uno de los libros más importantes que haya leído usted jamás, porque sus principios pueden darle la llave a la seguridad y la paz espiritual, para usted y su familia.

¡Tenemos un mundo entero delante a quien alcanzar con el evangelio! Pero antes de llegar al mundo caído, nuestras vidas y hogares deberán reflejar el gobierno del reino de Dios. No vivimos bajo legalismos ni con la tiranía del protocolo, ¡sino en la pureza que fluye de corazones agradecidos que saben que todo lo debemos a nuestro Señor y Salvador, Jesucristo!

---

*Superstición: Creencia extraña a la fe religiosa y contraria a la razón.

CAPÍTULO UNO

Discernimiento espiritual

La voz de la mujer al otro lado de la línea se oía mística, extraña. Había buscado ayuda en un hospital psiquiátrico cristiano, y del hospital nos la habían enviado. Esta mujer divorciada y su hija de ocho años vivían en soledad, atrapadas en un mundo de tinieblas. El padre de la niñita era un pastor Unitario; pero antes de eso, había sido un hechicero africano, en una tribu conocida como el Pueblo Leopardo. La ahora abandonada madre tenía amplio conocimiento de lo oculto; y a pesar de que daba testimonio de haber nacido nuevamente, el tormento aún vivía dentro de su hogar.

A pedido de ella, visitamos su casa. Cuando nuestro pequeño grupo de oración llegó ante la puerta de su apartamento, una cantidad de gatos se escurrió por entre nuestros pies. La atractiva mujer abrió la puerta, y nos introdujimos en una atmósfera que casi nos quita el aliento: estaba electrizada con efluvios del mal.

Una vez dentro, dos gatos agazapados junto al refrigerador gruñeron y desaparecieron en segundos. La corriente eléctrica comenzó a titilar, hasta que le ordenamos dejar de hacerlo. Hacia la derecha de la puerta de entrada había una gran biblioteca llena de libros religiosos, paganos y de ocultismo. Luego de haber sido invitados a tomar asiento, la mujer comenzó a informarnos acerca de sus problemas.

Explicó que su hija se sentía perseguida por pesadillas y apariciones por las noches. Se despertaba y veía fantasmas y espíritus en su habitación. Los espíritus en verdad, eran demonios que aparecían bajo la forma de una pareja de viejos nativos africanos. La preocupada madre decía que en ocasiones la niña saltaba sobre los muebles y se movía como un leopardo. Esta preciosa niñita despertaba a veces por la mañana con marcas de mordeduras humanas y rasguños en la espalda. Una noche la niña había despertado a su madre varias veces, se quejaba de que las moscas la mordían. Cada vez que la madre encendía las luces y buscaba en la habitación, resultaba no haber absolutamente nada. A la mañana siguiente, cuando abrió la ventana, encontró una pila de moscas muertas en el vano. Esto no nos sorprendió, pues sabemos que Satanás también es conocido como Beelzebú, el señor de las moscas (ver Mateo 12:24-32; Marcos 3:22).

Era claro que el enemigo había recibido autoridad para operar en ese hogar. Oramos y le pedimos a Dios sabiduría y discernimiento, y esperamos instrucciones del Espíritu Santo. A veces, la realidad demoníaca era casi palpable. Las impresiones espirituales del Señor —es decir *"la palabra de conocimiento"* (1 Corintios 12:8)— llegan a los miembros de nuestros equipos mientras se limpia la atmósfera con la oración. En ese momento, como si todos los miembros del equipo actuaran bajo la misma inspiración, miramos la pared con los libros, su enorme biblioteca sobre el ocultismo.

Le explicamos a la joven madre que los libros y objetos de arte actuaban como carnada para los demonios, que así como las moscas se ven atraídas por el estiércol, los demonios se ven atraídos por las tinieblas. Su biblioteca era una invitación abierta a los espíritus demoníacos, y les daba derecho legal a contaminar su casa, a perseguirla a ella y a su hija. Estos libros eran como un felpudo de bienvenida para el mundo espiritual no visible, comunicaban que la mujer les daba permiso para entrar. Estos elementos y artefactos pueden parecer inofensivos, pero tienen significado para los espíritus satánicos.

Urgentemente la instamos a que se deshiciera de los libros, y le ofrecimos nuestra ayuda para lograrlo. Pero ella se negó. Se lamentaba, dijo que había gastado mucho dinero al comprarlos. Le rogamos que por el bien de su hija limpiara espiritualmente la casa, pero hizo oídos sordos a nuestro pedido. Tristemente, no pudimos ir más allá de esto. Con amor, le explicamos que no teníamos autoridad para ayudarla, a causa de su resistencia a quitar de su hogar los libros impuros. Nuestra visión sobre por qué la niña se veía perseguida, estaba relacionada con el material sobre ocultismo y el enfermizo apego que la madre tenía hacia este. Este material también era un símbolo del contrato que la madre había firmado con el enemigo.

Solo necesitamos ver el relato de C. Peter Wagner sobre el poder de los ídolos en la antigua Atenas, para ver por qué el apego de esta mujer por su biblioteca servía como gesto de bienvenida al diablo.

> "El único lugar en la Biblia en donde encontramos la frase *'entregado a los ídolos'* (del griego: *kateidolos*), es donde Lucas describe a Atenas en Hechos 17:16. Atenas era la capital de los ídolos en el mundo antiguo, posiblemente equiparable a Kyoto, Japón, en nuestros días. La literatura de aquellos tiempos describe a Atenas como un bosque de ídolos en el que era más fácil encontrar a un dios que a un ser humano. Algunas calles tenían tantos ídolos que era difícil transitar por ellas, aun a pie. ¡Un observador calculó que Atenas

contenía más ídolos que el resto de toda Grecia! Como los ídolos están hechos de madera, piedra o metal, algunos ni siquiera se preocupan por su presencia. Estos ídolos, sin embargo, no son solo trozos de madera, piedra o metal. Han sido cuidadosamente creados por seres humanos, con intención definida, como formas en el mundo visible por medio de las cuales las fuerzas del mundo invisible de las tinieblas tienen permiso para controlar las vidas de personas, familias y de toda una ciudad, y encerrar a sus habitantes en la oscuridad espiritual. Es por eso que leemos sobre Pablo que 'su espíritu se enardecía viendo la ciudad entregada a la idolatría' (v. 16)".[1]

¿Fácil?

"Ahora bien, señor, no exageremos –sugirió Elisias, el consejero militar más importante del general Josué–. Podemos relajarnos ahora y dar un respiro a nuestros hombres. Confíe en mí, esto será fácil. Según nuestra tarea de reconocimiento, no hay razón alguna para enviar a la totalidad del ejército israelí a atacar un lugar tan pequeño como Hai. ('Hai' significa literalmente 'montón de ruinas'). Sugiero que enviemos solo unos dos mil o tres mil hombres. Eso será suficiente para destruir la ciudad."

Así es que a la mañana siguiente, Josué envió tres mil hombres para aniquilar a Hai. Para su sorpresa, los hombres de Hai estaban listos para dar batalla. Sus tropas mataron a treinta y seis soldados israelitas y persiguieron a los otros desde las puertas de la ciudad, por la ladera de las canteras de piedra. El ejército israelita, desalentado, se vio forzado a retroceder como un perro con la cola entre las patas.

Josué quedó estupefacto al recibir la noticia. Los israelitas habían derrotado recientemente a la gran ciudad de Jericó, habían dejado detrás de sí ruinas humeantes. "¿Cómo podría Elisias haber subestimado la capacidad militar de un pueblo pequeño como Hai?", se preguntaba Josué. Y, además, ¿dónde estaba Dios? ¿Y qué de sus promesas? Dios había dicho con toda claridad:

> *Josué, te doy la tierra que le prometí a Moisés. Siempre estaré a tu lado y te ayudaré, como lo ayudé a él. Nadie podrá derrotarte. ¡Ten fuerza y coraje! Haz todo lo que Moisés te enseñó. Nunca dejes de leer el Libro de la Ley que él te dio. De día y de noche, piensa en lo que este libro te dice. Obedécele en todo, y podrás obtener esta tierra* (ver Josué 1:1-19).

Josué reunió a los líderes de Israel de su consejo de emergencia. "Caballeros –dijo– recordarán que Jehová Dios nos prometió que Él jamás nos abandonaría y que jamás seríamos derrotados. ¿Qué habrá salido mal para que un grupo de guerreros mal armados y entrenados pudieran poner en desgracia a nuestras tropas el día de hoy? Puedo sugerir, señores, que esto es una emergencia nacional. Y tenemos que llegar al fondo de la cuestión, ¡ahora mismo!

Josué y los líderes se rasgaron las vestiduras y echaron tierra sobre sus cabezas en símbolo de pena y arrepentimiento. Se hincaron de rodillas con la frente en el suelo, junto al Arca de la Alianza, y clamaron a Dios hasta el anochecer:

Entonces Josué oró:

> Señor, ¿nos trajiste desde el otro lado del Jordán para que los amorreos pudieran aniquilarnos? Si nos hubiésemos quedado del otro lado del Jordán, nada de esto habría sucedido. Francamente, no tengo palabras. Es muy difícil ver que nuestro ejército hoy huyó del enemigo. Nuestro pueblo está comenzando a pensar que tú ya no puedes protegernos. Cuando nuestros enemigos oigan acerca de nuestra humillación, seguramente reunirán coraje. Quizá hasta intenten rodearnos para eliminarnos.

El Señor respondió a Josué:

¡General, alza tu rostro del suelo! No estoy escuchando oraciones de pedido en este momento. Te dije que todo lo que había en Jericó me pertenecía. Además, te dije que quería que destruyeran la ciudad entera. Pero en lugar de ello, tu pueblo robó y ocultó parte del botín, guardándolo para sí, y has mentido acerca de esto.
A causa de que has robado cosas que debían haber sido destruidas, Israel se ha puesto en posición de ser destruida. No puedo ayudarte más, hasta tanto hagas exactamente lo que te ordené hacer. Y por eso, precisamente, es que tu ejército no pudo enfrentar a sus enemigos el día de hoy.
Dile a tu pueblo que jamás podrán enfrentarse a otro enemigo hasta que se haya deshecho de las cosas abominables que han ocultado. Diles que se preparen para adorar. Mañana por la mañana, cuando se reúnan para adorar, te mostraré cuál es la tribu culpable, el clan culpable y la familia culpable. Y te mostraré cuál es el hombre que ha robado las cosas prohibidas que han contaminado a Israel y que han roto la alianza sagrada que hice con el pueblo. Ese hombre, su esposa, sus hijos e hijas, deben ser ejecutados por lapidación. Sus cuerpos deben ser quemados y también todas sus pertenencias.

A la mañana siguiente, Josué trajo a todas las tribus hasta el lugar de la adoración. Allí el Señor identificó a Judá como tribu culpable, y al clan de Zera y a la familia de Zabdi como los culpables. Les mostró que Acán era el responsable de haber violado el contrato entre Dios e Israel.

El general Josué dijo:

–Acán... ¿es cierto? No intentes ocultarme nada. Dime qué es lo que has hecho.

–Sí, señor, es verdad –respondió de mala gana Acán–. Soy quien ha pecado contra el Señor Dios de Israel. Mientras limpiábamos Jericó, encontré una hermosa bata de Babilonia, doscientas piezas de plata y una barra de oro que pesaba tanto como cincuenta lingotes. Quería todo esto para mí, por lo que lo tomé y lo oculté en un pozo bajo mi tienda.

Así que, Josué inmediatamente envió hombres hasta la tienda de Acán para quitar la plata, el oro y la bata. Trajeron los elementos impuros y los pusieron ante el Señor, para que Josué y los demás israelitas pudieran verlos.

Luego tomaron a Acán, a sus hijos y sus hijas, su ganado, sus mulas y ovejas, su tienda y todo lo que le pertenecía, así como todos los elementos robados, y los llevaron hasta un valle cercano.

Una vez allí, Josué dijo:

–Acán, nos has causado muchos problemas. Ahora tú estás en problemas.

El pueblo de Israel lapidó a Acán, a su familia y sus animales, hasta darles muerte. Encendieron una hoguera y allí quemaron los cuerpos, todas las pertenencias y las cosas impuras que Acán había robado. Y cubrieron las cenizas con una pila de piedras. Y ese valle aún se conoce por el nombre del Valle de la Tribulación.[2]

Luego Dios ya no estuvo enojado con Israel, y les dio la ciudad de Hai (ver Josué 8:1).

Diez lecciones para aprender de este relato

1. ¡Las promesas de Dios para con nosotros, son poderosas!

Nuestro gran Dios cumple sus promesas. Literalmente, nos ha

dado miles de promesas en su Palabra. La salvación es solo el comienzo de las promesas de Dios. Más allá de nuestra experiencia de salvación, hay innumerables tesoros que esperan por nosotros en Cristo, porque Dios *"nos bendijo con toda bendición espiritual en los lugares celestiales en Cristo"* (Efesios 1:3)

Además,

Como todas las cosas que pertenecen a la vida y a la piedad nos han sido dadas por su divino poder, mediante el conocimiento de aquel que nos llamó por su gloria y excelencia, por medio de las cuales nos son dadas preciosas y grandísimas promesas, para que por ellas llegaseis a ser participantes de la naturaleza divina, habiendo huido de la corrupción que hay en el mundo a causa de la concupiscencia (2 Pedro 1:3-4).

¿Ha notado usted que una vez nacido nuevamente, la naturaleza de Dios se hace parte de usted?

2. Las promesas de Dios a menudo tienen que ver con nuestra obediencia.

Para que podamos disfrutar de los beneficios que Dios nos ha prometido, debemos confiar en Él y creer que es fiel a su palabra. Sus promesas son activadas por nuestra fe. Sin embargo, muchas de las promesas de Dios son condicionales. Dependen de nuestra obediencia. Las llamamos promesas de Dios "si/entonces", equivalentes a silogismos.

Respecto de nuestras salvación, Él nos promete que "si" creemos en nuestros corazones y "si" confesamos con nuestra boca, entonces seremos salvos (ver Romanos 10:9).

Respecto de su perdón de nuestros pecados, nos promete que *"Si confesamos nuestros pecados, él es fiel y justo para que nos perdone nuestros pecados, y nos limpie de toda maldad"* (1 Juan 1:9).

Dios había hecho una alianza con Josué, y también le había hecho promesas. Le prometió la tierra que le había prometido a Moisés (ver Josué 1:1-5, 15); estar siempre a su lado y ayudarlo, como había ayudado a Moisés (ver Josué 1:9); y que nunca sería derrotado (ver Josué 1:5).

Pero con estas promesas, había tres mandamientos o condiciones: ser fuerte y tener coraje (ver Josué 1:6); hacer todo lo que Moisés había enseñado (ver Josué 1:7) y leer, meditar y obedecer el Libro de la Ley (ver Josué 1:8).

Acán no había hecho nada de lo que Dios le había pedido hacer. Había tomado aquello que específicamente estaba prohibido a los israelitas –cosas que Dios había destinado a ser destruidas– y las había escondido en un pozo bajo su tienda. Aunque el Señor no indica que un poder demoníaco gobernaba a la bata de Babilonia, a las doscientas piezas de plata o a los cincuenta siclos de oro; Dios dijo que estas cosas estaban maldecidas y debían evitarse. ¿Por qué querría Dios que los israelitas evitaran estas cosas, a menos que fuera porque les traerían el mal?

Las cosas físicas conllevan significado espiritual

Por ello, la idea principal en los pasajes bíblicos referidos a esto es que la desobediencia a Jehová trae la maldición. Dicha desobediencia es inherente a la adoración de dioses extraños –idolatría– lo que de hecho es la adoración a demonios, según el Antiguo Testamento (ver Deuteronomio 32:16-18).

3. Las cosas físicas a menudo conllevan significado espiritual.

En las Escrituras observamos evidencias de que las cosas físicas pueden tener significado espiritual: la sangre de cordero que Dios hizo que utilizaran los hijos de Israel sobre sus puertas (ver Éxodo 12:7-13); el Tabernáculo, sus adornos y utensilios (ver Éxodo 26-27); el bautismo por agua (ver Lucas 3:21-22); la última Cena (ver Mateo 26:28; 1 Corintios 11:23-25), los pañuelos y delantales milagrosos (ver Hechos 19:11-12), la sanidad por unción con aceite (ver Santiago 5:14). Pero quizá el ejemplo más claro se encuentre en el Antiguo Testamento, y sea uno que conocemos bien: la serpiente de metal de Moisés:

> *Y habló el pueblo contra Dios y Moisés: ¿Por qué nos hiciste subir de Egipto para que muramos en este desierto? Pues no hay pan ni agua, y nuestra alma tiene fastidio de este pan tan liviano. Y Jehová envió entre el pueblo serpientes ardientes, que mordían al pueblo; y murió mucho pueblo de Israel. Entonces el pueblo vino á Moisés y dijo: Hemos pecado por haber hablado contra Jehová, y contra ti; ruega a Jehová que quite de nosotros estas serpientes. Y Moisés oró por el pueblo. Y Jehová dijo a Moisés: Hazte una serpiente ardiente, y ponla sobre una asta; y cualquiera que fuere mordido y mirare a ella, vivirá. Y Moisés hizo una serpiente de bronce, y la puso sobre una asta; y cuando alguna serpiente mordía a alguno, miraba a la serpiente de bronce, y vivía* (Números 21:5-9).

La serpiente de metal que Dios ordenó a Moisés colocar sobre la bandera para que la vieran los hijos de Israel, ofrecía una solución a su pecado. Es verdad que era solo una serpiente de metal en un poste, un objeto inanimado; sin embargo, tenía el poder de sanar a quienes habían sido mordidos por serpientes venenosas. Si miraban a la serpiente de metal, eran sanados. Hoy entendemos más acerca del significado de dicha serpiente de metal: simboliza a Cristo volviéndose pecado por nosotros, cuando fue puesto en la cruz como sacrificio vivo por nosotros.

Novecientos años más tarde, cuando el rey Ezequías limpiaba el Templo: *"Él quitó los lugares altos, y quebró las imágenes, y cortó los símbolos de Asera, e hizo pedazos la serpiente de bronce que había hecho Moisés, porque hasta entonces le quemaban incienso los hijos de Israel; y la llamó Nehustán"* (2 Reyes 18:4, frase subrayada por los autores).

Sorprendentemente, después de tantos años, un objeto diseñado por Dios para la sanidad de Israel ¡se había convertido en un dios a quien Israel adoraba!

En tanto las cosas físicas pueden tener significado divino, también pueden acarrear designios demoníacos. Esta es una realidad que vivimos de primera mano en la Conferencia Internacional de Oración y Guerra Espiritual en Charlotte, Calorina del Norte, EE.UU., en 1996. Después de enseñar en la conferencia, buscábamos una sala donde tener entrevistas individuales. Al abrir la puerta de un cuarto pequeño detrás de la sala principal, encontramos excremento de perro colocado en forma de cruz en medio del piso de la habitación, que apuntaba hacia el púlpito de la sala principal: un hechizo colocado para maldecir las reuniones que comenzarían esa tarde. Los hechiceros creen que los elementos físicos dan un punto de contacto para que los espíritus demoníacos puedan utilizarlos. Así que, es común que utilicen fetiches[3] para engañar y controlar.

No es momento de ser débil o supersticioso, sino de aprender cómo caminar con prudencia y discernimiento espiritual.

No es momento de ser débil o supersticioso, sino de aprender a caminar con prudencia y discernimiento espiritual.

Para el lector novato algunas de las cosas en este libro podrán parecer un tanto relacionadas con la superstición. Comprendemos de dónde viene usted. De acuerdo con la definición de "superstición" en nuestra cultura, hay personas que podrían llegar a la conclusión de que nuestra fe en un mundo espiritual y en un Dios que no se ve, son superstición. Para nosotros, la superstición consiste en depositar la fe en una persona, cosa o lugar que no sea el Dios todopoderoso y su palabra infalible.

4. Hay ciertas cosas que nos está prohibido poseer.

Hay ciertas cosas que los hijos de Dios no pueden poseer. Cuando Dios nos salvó, no emparchó nuestras viejas vidas; ¡nos hizo nueva creación! Pablo escribió: *"De modo que si alguno está en Cristo, nueva criatura es: las cosas viejas pasaron; he aquí todas son hechas nuevas"* (2 Corintios 5:17). A causa de nuestra nueva vida en Cristo, Dios espera que vivamos de manera nueva también. Debemos quitarnos lo viejo y ponernos lo nuevo. Efesios 5:8-11 dice:

> *Porque en otro tiempo erais tinieblas, mas ahora sois luz en el Señor; andad como hijos de luz (porque el fruto del Espíritu es en toda bondad, justicia y verdad), comprobando lo que es agradable al Señor. Y no participéis en las obras infructuosas de las tinieblas, sino más bien reprendedlas* (Efesios 5:8-11).

En Éxodo 20:3 Dios prohibió a los hijos de Israel tener otros dioses. Dios es un Dios celoso, celoso de nuestra confianza (ver Deuteronomio 4:24; 5:9). En Deuteronomio 18:9-13 Dios les prohibió participar en brujería y astrología. Les explicó que dichas actividades son una abominación ante Él:

> *Cuando entres a la tierra que Jehová tu Dios te da, no aprenderás a hacer según las abominaciones de aquellas naciones. No sea hallado en ti quien haga pasar a*

> su hijo o a su hija por el fuego, ni quien practique adivinación, ni agorero, ni sortílego, ni hechicero, ni encantador, ni adivino, ni mago, ni quien consulte a los muertos. Porque es abominación para con Jehová cualquiera que hace estas cosas, y por estas abominaciones Jehová tu Dios echa estas naciones de delante de ti. Perfecto serás delante de Jehová tu Dios.

En el Antiguo Testamento vemos listas de cosas que deshonran a Dios y que no deben encontrarse en su pueblo. Estas cosas sugieren que hay otros dioses, lo cual viola los primeros cuatro mandamientos.

> *Guardad, pues, mucho vuestras almas; pues ninguna figura visteis el día que Jehová habló con vosotros de en medio del fuego; para que no os corrompáis y hagáis para vosotros esculturas, imagen de figura alguna, efigie de varón o hembra, figura de ningún animal que se arrastre sobre la tierra, figura de pez alguno que haya en el agua debajo de la tierra. No sea que alces tus ojos al cielo, y viendo el sol y la luna y las estrellas, y todo el ejército del cielo, seas impulsado, y te inclines a ellos y les sirvas; porque Jehová tu Dios los ha concedido a todos los pueblos debajo de todos los cielos (...) Guardaos, no os olvidéis del pacto de Jehová vuestro Dios, que él estableció con vosotros, y no os hagáis escultura o imagen de ninguna cosa que Jehová tu Dios te ha prohibido. Porque Jehová tu Dios es fuego consumidor, Dios celoso* (Deuteronomio 4:15-19; 23-24).

Esta lista sigue vigente aún hoy. El Padre siente pena si poseemos estatuas de otros dioses, u objetos que buscan ganar poder espiritual de cualquier fuerte que no sea el único Dios verdadero. Dichos objetos son estrictamente prohibidos porque abren la puerta al engaño sobrenatural, apartan a las personas de Dios, impiden su salud física y espiritual.

5. El uso de un objeto puede establecer su significado espiritual.

La mayoría de los objetos en este mundo, no son ni buenos ni malos en sí mismos. Sin embargo, el uso que se les dé puede establecer su significado espiritual.

Un día entramos a una tienda de ídolos en Madras, India. Queríamos comprar recuerdos antes de ir hacia el aeropuerto. En una plataforma elevada, un artesano sostenía un tronco entre sus pies descalzos mientras tallaba hábilmente con su cincel y martillo.

—¿Qué está haciendo? —le preguntamos

—Estoy tallando un dios —respondió

—¿Cuál?

—Tallo a (nombró al dios hindú), nuestro dios de la prosperidad —dijo.

Para sorpresa del artesano, Eddie agresivamente se le acercó, y le gritó:

—Apúrese, ¡termínelo ya!, ¡rápido, rápido!

—¿Por qué? ¿Qué apuro hay?" —preguntó el hombre, con expresión de confusión.

Con ánimo encendido, Eddie le dijo:

—Señor, mire por su ventana. Sus calles y aceras están llenas de mendigos y leprosos. La gente muere de hambre y desnutrición. ¡Termine ese "dios de la prosperidad" y haga que salga a la calle para que haga su trabajo!

Jamás olvidaremos la expresión en el rostro del artesano en ese momento. Parecía decir: "Bueno, lo que dice usted parece tener algo de sentido".

Ciertamente, no había nada malo en el tronco que sostenía el hombre. Pero al tallar en él un objeto de adoración pagana, no tenía poder para resolver la pobreza de la gente y, sin embargo, tenía significado espiritual contrario al reino de Dios (ver Deuteronomio 4:15-19; 23-24). De hecho, en nuestros más de treinta años de experiencia de ministerio, nos hemos convencido de que los demonios a menudo se apegan a ciertos lugares y objetos, del mismo modo en que lo hacen con las personas.

Refiriéndose a ídolos hechos por la mano del hombre, Pablo dijo: *"Acerca, pues, de las viandas que se sacrifican a los ídolos, sabemos que <u>un ídolo nada es en el mundo,</u> y que no hay más que un Dios"* (1 Corintios 8-4, frase subrayada por los autores). Es decir, que los ídolos en y por sí mismos son objetos sin poder, y que la carne ofrecida en sacrificio a ellos no es más que carne.

Sin embargo, Pablo continúa explicando: *"¿Qué digo, pues? ¿Que el ídolo es algo, o que sea algo lo que se sacrifica a los ídolos? Antes digo que lo que los gentiles sacrifican, a los demonios lo sacrifican, y no a Dios; y no quiero que vosotros os hagáis partícipes con los demonios"* (1 Corintios 10:19-20).[4]

Los ídolos que adoran pueden convertirse en herramientas del diablo; y aún sus propias vidas se abren a la influencia demoníaca.

Se han utilizado objetos inanimados, hechos por manos humanas, para estar en comunión con los demonios. La fuerza espiritual del ídolo es demoníaca. Los demonios utilizan al ídolo para recibir adoración de personas que están lo suficientemente engañadas y desesperadas como para adorarlos. Cuando adoran a los ídolos, con o sin intención, adoran a demonios. Como resultado, los ídolos que adoran pueden convertirse en herramientas del diablo; y hasta sus propias vidas entonces, se abren a la influencia demoníaca. Un ídolo –una estatua de un dios o una diosa– puede no tener poder espiritual intrínseco, ¡pero un demonio sí es algo! Así que podemos decir que por medio del engaño demoníaco, las personas pueden ser descarriadas indirectamente –por ejemplo, por medio de– por estos objetos.

Puede usted preguntar por qué Pablo no tenía problema en comer la carne que había sido ofrecida a los ídolos. Su único miramiento era el de no ofender a un hermano más débil al hacerlo (ver 1 Corintios 8:3-13). ¿No estaría la carne, un objeto físico, sujeta a un apego demoníaco?

Por supuesto, no lo sabemos. Pero quizá el alimento sea un caso especial, ya que fue creado por Dios para satisfacer una necesidad universal. Por el contrario, los objetos tienen un solo propósito: operar fuera del gobierno de las leyes de Dios, y activa e independientemente, trabajar en su contra, como vocación de liberación o destrucción.

Un buen ejemplo de esto es lo que nos sucedió el día en que apareció misteriosamente un canal de películas en nuestra pantalla. Llamamos a la compañía proveedora del servicio de cable, y dijimos:

–Señora, estamos recibiendo HBO en nuestra televisión, y jamás lo solicitamos.

–Está bien –dijo la señora muy educadamente.

–No, no está bien –dijimos–. Permítanos hablar con su gerente supervisor.

El gerente tomó el teléfono y dijo:

–Señores, me han dicho lo que sucede. No se preocupe, no les cobraremos por HBO.

–¿Que no nos cobrará? –respondimos enojados–. Mejor será que no espere que nosotros le cobremos a usted. No dejamos que la ciudad de Houston eche su basura en nuestro patio, ¡y tampoco dejaremos que usted eche su "basura" en nuestro living!

Sorprendentemente, el canal de películas desapareció de nuestra pantalla.

6. Las pertenencias ilícitas nos separan de los propósitos, protección y poder de Dios.

La protección de Dios para con nosotros y su poder, liberado a través de nosotros, están directamente relacionados con sus propósitos. Cuando a propósito –o sin darnos cuenta– nos alejamos de los propósitos de Dios para nuestras vidas, nos salimos de su protección.

Puede uno ver esto claramente en la vida de Sansón. Renunció al llamado de Dios para su vida, para vivir como un necio. Un día Dalila lo despertó:

–¡Sansón, los filisteos sobre ti!

Y luego que despertó él de su sueño, se dijo: *"Esta vez saldré como las otras, y me escaparé: no sabiendo que Jehová <u>ya se había de él apartado</u>"* (Jueces 16:20, frase subrayada por los autores).

No es que Dios se negara proteger a Sansón. Sansón, en su arrogancia e ignorancia, había renunciado al propósito de Dios; y al hacerlo, anuló el poder y la protección de Dios. ¿Está usted de acuerdo? ¿Ve cómo el engaño en nuestras vidas nos aparta del maravilloso plan de Dios para nuestro futuro?

7. El crimen de una persona puede crear culpa colectiva y resultar en consecuencias colectivas.

Aprendemos una lección sorprendente en este caso de Josué y la nación de Israel (ver Josué 7). Solo una persona –Acán– había pecado y, sin embargo, ¡Dios tenía como responsable a una nación entera! Vea estas referencias en plural (las frases han sido subrayadas por nosotros), en lo que Dios le dijo a Josué:

<u>Israel</u> (la nación entera) ha cometido una transgresión (ver Josué 7:1).

La ira del Señor se encendió contra <u>los hijos de Israel</u> (todos) (ver v. 1).

<u>Israel</u> pecó (ver v. 11).

<u>Israel</u> transgredió la alianza con Dios (ver v. 11).

Israel tomó las cosas malditas (ver v. 11).
Israel robó (ver v. 11).
Israel puso las cosas robadas junto a las propias (ver v. 11).
Por ello, *los hijos de Israel* no *podían* enfrentar a sus enemigos (ver v. 12).
Se *volvieron* ante sus enemigos, porque *estaban maldecidos* (ver v. 12).
Tampoco estaría Dios *junto a ellos* ya, a menos que *destruyeran* a los maldecidos que se hallaban *entre ellos* (ver v. 12).

Increíblemente, el pecado de un hombre trajo repercusiones sobre la nación entera. El pecado de Acán produjo consecuencias colectivas. Como resultado de su pecado, treinta y seis soldados (maridos, hijos y padres) murieron sin necesidad en la primera y fútil batalla contra Hai. Como consecuencia del pecado de Acán, una nación entera quejó indefensa y con miedo. Y, en cierto modo, esto es lo más triste de todo: la familia de Acán –su esposa, hijos e hijas, que por lo que sabemos eran inocentes– fueron ejecutados junto con él.

También vemos culpa colectiva, así como redención, como principio del Nuevo Testamento. En Romanos 5:19 leemos: *"Porque como por la desobediencia de un hombre los muchos fueron constituidos pecadores, así por la obediencia de uno los muchos serán constituidos justos"*.

Esta naturaleza corporativa de la vida cristiana nos es algo extraña a los estadounidenses, que nos enorgullecemos de nuestra independencia. Aún debemos aprender que como miembros del Cuerpo de Cristo, tenemos como designio de Dios, no el ser independientes sino interdependientes con otros. Y como escribió Pablo: *"De manera que si un miembro padece, todos los miembros se duelen con él, y si un miembro recibe honra, todos los miembros con él se gozan"* (1 Corintios 12:26).

Así que, señor, si es usted un hombre cristiano que tiene escondidas revistas pornográficas en su casa... o usted señora, si es una cristiana adicta a las telenovelas y a las novelas románticas, es muy posible que esté impidiendo a la Iglesia de Cristo su avance.

8. Cuando buscamos a Dios, Él nos muestra las cosas impuras.

¿Cómo saber cuáles de nuestras pertenencias deshonran al Señor? Gracias a Dios –literalmente– no necesitamos andar a tientas y adivinar. Dios nos ha dado su Espíritu. Jesús prometió: *"Pero cuando venga el Espíritu de verdad, él os guiará a toda la verdad; porque no hablará por su propia cuenta, sino que hablará todo lo que oyere, y os hará saber las cosas que habrán de venir"* (Juan 16:13). Cuando buscamos la pureza ante el Padre y le pedimos a Él, nos mostrará si alguna de nuestras pertenencias le es deshonrosa. La verdad es que ¡Dios revela, para poder sanar!

Cuando buscamos la pureza ante el Padre y le pedimos a Él, nos mostrará si alguna de nuestras pertenencias le es deshonrosa.

Experimentamos una sanidad de este tipo luego de que Dios reveló al intruso oculto que había invadido nuestro hogar en ciertas ocasiones. Amábamos nuestro hogar, ubicado en los bosques lejos del tránsito y el barullo de Houston, la cuarta ciudad en tamaño en nuestra nación; pero una presencia maléfica –y a veces también su olor– aparecían en un rincón de nuestra sala de estar. Podíamos sentirlo, y nuestros hijos a menudo se quejaban cuando estaban sentados allí.

Un anochecer, mientras caminábamos por la sala y orábamos por los servicios que comenzaríamos esa noche más tarde, sentimos la maléfica presencia una vez más. ¡Ya era suficiente! ¡Fervientemente le pedimos al Señor que nos revelara el porqué! No deseábamos esperar más, entonces miramos todas las chucherías y revistas que había en ese rincón de la habitación. Al examinar la repisa ubicada sobre el hogar, encontramos un grupo de seis libros bellamente encuadernados. Habíamos heredado la elegante colección de una tía que había fallecido. Jamás los habíamos abierto, eran simplemente adornos sobre nuestra repisa.

Dentro de estos libros había páginas llenas de litografías de espíritus, gárgolas y tumbas con espíritus que ascendían por sobre las lápidas. ¡Estábamos apabullados! Luego de arrepentirnos ante el Señor por haber permitido que estos libros estuvieran en nuestro hogar, en voz alta rompimos todo contrato mediante el cual los demonios estuvieran apegados a estos libros, como punto de acceso a nuestro hogar. Los libros fueron al bote de basura. El problema jamás volvió a repetirse.

Gracias a Dios, porque Cristo ya murió por nosotros; a diferencia de Acán y su familia que murieron por tener cosas prohibidas, usted y yo no seremos ejecutados. ¡Aleluya! Pero como hicieron los creyentes en Hechos 19, necesitamos librarnos de todo lo que contamine nuestras vidas y nuestros hogares. Hablaremos más acerca de cuáles pueden ser estas cosas, en el capítulo 4.

9. Sin piedad, debemos liberarnos de los objetos del mal.

En su auto indulgencia, Acán había abusado de la gracia de Dios y presumido de sus promesas. El resultado fue una victoria no deseada de los cananitas. Pero como consecuencia de esta inesperada derrota, Israel despertó, se reformó y reconcilió con Dios.

Dios nos dice: *"Mas estas cosas sucedieron como ejemplos para nosotros, para que no codiciemos cosas malas, como ellos codiciaron"* (1 Corintios 10:6). Luego de leer la experiencia de Josué y los hijos de Israel, no debiéramos sentir que el permitir que Dios inspeccione nuestros corazones y pertenencias sea una cosa forzada.

En el Nuevo Testamento leemos acerca del reavivamiento en la ciudad de Éfeso:

> *Y muchos de los que habían creído venían, confesando y dando cuenta de sus hechos. Asimismo muchos de los que habían practicado la magia trajeron los libros y los quemaron delante de todos; y hecha la cuenta de su precio, hallaron que era cincuenta mil piezas de plata. Así crecía y prevalecía poderosamente la palabra del Señor* (Hechos 19:18-20).

Nuestro amigo C. Peter Wagner indica que el valor de los objetos ocultos que los efesios destruyeron aquel día, ¡equivalía a unos cuatro millones de dólares!

Dios tiene que ver con la obra de su reino: *"Porque el reino de Dios no es comida ni bebida, sino justicia, y paz y gozo en el Espíritu Santo"* (Romanos 14:17). Nuestras pertenencias debieran expresar la rectitud, la paz y el gozo del reino de Dios. Si no es así, el momento en que Dios nos revela la contaminación espiritual debe llevarnos a arrepentirnos y ser perseverantes en nuestro compromiso de deshacernos de ella, por amor a Cristo.

Dicho curso de acción puede parecer innecesario, extremo, pero quizá pueda usted aprender algo de Jim, un nuevo creyente que ha dejado atrás una vida de pecado y se ha vuelto un apasionado por Jesús, su nuevo Mesías. Cuando Jim oyó de las enseñanzas de la limpieza espiritual del hogar, recordó que su reloj Rolex había sido un regalo de parte de una mujer con la que había vivido en adulterio. Jim deseaba agradar al Señor, por lo que la mañana siguiente se dirigió con su automóvil hacia el lago de su ciudad, bajó de su Cadillac, se quitó el reloj de oro con incrustaciones de diamantes, y lo arrojó tan lejos como pudo, en medio de las aguas. Más tarde, nos contó acerca de su experiencia:

—¿Por qué arrojaste el reloj? —le preguntamos.

—Porque simbolizaba la relación impura que había mantenido con esa mujer —respondió.

Ese reloj era más que un reloj. Para él representaba un contrato del mal que había sellado la alianza de pecado que tenía con la mujer. Sin embargo, el reloj no era intrínsicamente malo. No era un dragón dorado ni una serpiente. Era solo un reloj de oro, muy caro. Y aunque Jim podría haber orado sobre este, con arrepentimiento por el pecado que representaba, rompió los contratos que simbolizaba, lo santificó ante el Señor: optó por destruirlo.

Si hubiera acudido a nosotros para que lo aconsejáramos, en ese caso le habríamos dicho que vendiera el reloj e invirtiera el dinero en el reino de Dios, como regalo a los pobres, o a su iglesia. ¡Que prevalezca la sabiduría!

Pero el punto es este: jamás subestime los artilugios del diablo, porque él explorará cada opción ¡y examinará todas las posibles entradas de acceso a su vida!

10. La obediencia restaura nuestra relación con Dios y reinstala sus propósitos.

Como sucedió con Josué y los hijos de Israel, la limpieza personal restaurará la presencia de Dios, nos devolverá su protección y su poder en nuestras vidas. Lea en Josué 8, cómo el Señor entregó la ciudad de Hai en las manos de los hijos de Israel.

Oración

Padre, en el precioso nombre de Jesús, he sido tan bendecido que tú me amas lo suficiente como para mostrarme la verdad acerca de mi vida, mi hogar, mis hijos y pertenencias. Señor, no quiero ser como Acán, que conservó algo que tú llamaste impuro. ¿Podrías ahora mismo, santo Dios, revelarme aquello contra lo que debo luchar? Deseo la santidad, y tú eres santo; por lo tanto, muéstrame las acciones impuras de mi vida, o las pertenencias impuras a mi cargo, o los pactos impuros que he hecho. En el nombre de Jesús, te lo pido. Amén.

Notas:
1. C. Peter Wagner, *Confrontemos las potestades* (Betania-Caribe, 2001).
2. Adaptación libre de Josué 7; el general Elisias es un personaje creado para facilitar la lectura.
3. Un fetiche es un objeto utilizado por hechiceros y brujos para molestar al ambiente con poderes mágicos; un amuleto es un objeto que aleja las enfermedades o los maleficios.
4. Ver también Deuteronomio 32:17.

CAPÍTULO DOS

¿A quién le gustaría vivir en un hotel embrujado?

*C*ada vez aparecen más programas televisivos que se centran en lo sobrenatural. Aún así, la mayoría de los estadounidenses supondría que las casas hechizadas son, por ejemplo, algo que corresponde a películas de Hollywood o a novelas de Stephen King. Otros las atribuyen a una imaginación exuberante. Cuando era preadolescente, yo (Eddie) recuerdo que mi primo mayor Bill solía apagar las luces para contarnos sobre la casa hechizada en la colina cercana a la casa de sus padres. Por supuesto, siempre esperaba hasta el anochecer para contar la historia, pero nunca logró convencerme para que fuera con él a ver qué había.

Hoy, Alice y yo creemos firmemente en las casas hechizadas, los edificios de iglesia hechizados, ¡y hasta en los hoteles hechizados!

Una tarde de 1990 recibimos una llamada del jefe de seguridad de uno de los hoteles más importantes de Houston. El jefe era un oficial de policía, veterano, retirado después de veinte años de servicio. Nos contó una historia sorprendente.

"Hace dos semanas hubo una conferencia de vudú haitiano en nuestro hotel. El grupo comprendía a unos diez hombres y mujeres, todos vestidos de blanco. Tomaron varias habitaciones en el hotel, y utilizaron el salón principal para sus ceremonias. A pesar de que nos parecía algo extraño, pusieron a sus propios guardias de seguridad a la entrada del salón. Estos robustos hombres no permitían que nadie se acercara, ni siquiera a mí y a mi equipo de seguridad del hotel.

"Uno de mis oficiales de seguridad inadvertidamente entró al salón una noche, por una de las puertas de servicio de la cocina. Encontró que todo estaba a oscuras, con la excepción de la luz de unas velas. En medio del salón había un hombre encadenado. Los adoradores estaban en trance y se estaba llevando a cabo una ceremonia sangrienta. Dijo que se asustó tanto que cerró la puerta, corrió escaleras abajo, entró en su automóvil y huyó a su casa.

"Desde ese momento —continuó diciendo nuestro amigo— en nuestro hotel ha habido problemas inusuales. Hemos tenido cantidad de robos en las habitaciones; discusiones y peleas violentas entre los empleados; accidentes de tránsito inexplicables frente a la puerta del hotel, empleados ausentes por enfermedad en cantidad inaudita... La organización del hotel está hecha un desastre. Además, todos los empleados —incluyéndome, por supuesto— tenemos miedo de entrar en el salón donde se llevó a cabo la ceremonia vudú.

"Hoy –continuó– mientras volvía a casa cerca de la Ruta 290 y la circunvalación 610, sentí tanto miedo de sufrir un accidente que manejé a veinte kilómetros por hora, por la banquina de la ruta. Cuando llegué a casa mi esposa me sugirió que hiciera algo de ejercicio para aliviar mi tensión. Mientras corría por mi ruta habitual en el vecindario, cada vez que se acercaba un automóvil, me ponía tenso. En mi imaginación, casi podía sentir cómo me atravesaba el cuerpo una bala. Sabía que alguien me dispararía. Estoy llamándolos porque mi esposa dice que quizá puedan ayudarme."

–¿A qué distancia está el hotel? –preguntamos.

–A treinta minutos –respondió.

–Bien, allí nos veremos, en media hora.

Al llegar al hotel, nos reunimos en la recepción con el nervioso jefe de seguridad, y los tres tomamos el ascensor hasta el quinto piso donde se hallaba el salón principal. Mientras caminábamos hacia la puerta del salón, el jefe de seguridad permanecía junto a las puertas del ascensor, se negaba a avanzar. A la distancia nos arrojó las llaves del salón. Abrimos la puerta y entramos en un salón oscuro como una caverna.

Los interruptores de luz, descubrimos luego, estaban en la pared del fondo, a unos treinta metros. Caminamos por el salón a oscuras. La atmósfera era opresiva. Era como si el salón estuviera lleno de millones de insectos invisibles, listos para atacarnos. El aire estaba cargado de electricidad y las olas de energía espiritual pasaban por sobre nosotros. El enemigo estaba intentando asustarnos, desesperadamente.

En voz baja pero con toda confianza, comenzamos a orar. Como Nehemías se arrepintiera en representación de otros (ver Nehemías 1:6), nosotros nos arrepentimos ante Dios por lo que había sucedido allí unos días antes; le pedimos a Dios que limpiara el lugar. Luego, con autoridad, le dijimos a los espíritus del mal que se fueran. De repente, fue como si la marea de la oscuridad espiritual se retirara. Los demonios partieron y el salón se sentía puro y claro. Hasta el jefe de seguridad se sintió lo suficientemente seguro como para entrar.

Una semana más tarde nos llamó para agradecernos, dijo que habían terminado los robos, las peleas, los accidentes y las enfermedades. Dijo:
–Inexplicablemente, a la mañana siguiente de su visita de oración, se formó un estudio bíblico en la sala de empleados.

Atmósfera espiritual

Una creciente cantidad de cristianos ahora echa una segunda mirada al ambiente espiritual de sus hogares. Quieren que sus hogares, al igual que sus vidas, reflejen la presencia de Dios, pero esto no es a menudo lo que experimentan.

Hemos buscado para encontrar las razones. Y hemos encontrado tres cosas que contribuyen a crear la atmósfera de un hogar: las actitudes y conductas de los miembros de la familia que vive allí; las pertenencias que allí se guardan y la presencia espiritual predominante.

Actitudes y conductas

Nuestras actitudes y conductas preparan la mesa para la presencia del Espíritu Santo o de un poder demoníaco. En particular las actitudes malas y la conducta mala de parte de los padres, tienen un efecto adverso en la atmósfera del hogar, con impacto negativo sobre los esposos y los hijos. Necesitamos mirar solo un ejemplo de la naturaleza para ver cómo los padres son quienes determinan el tono de la vida de toda la familia:

> Durante el primer mes de la vida de un ruiseñor, su destino se ve marcado. Siempre pensé que el canto incomparable del ruiseñor estaba determinado por el instinto y la herencia. Pero esto no es así. Los ruiseñores que están destinados a ser mascotas, son capturados de sus nidos cuando aún son pichones, durante la

primavera. Tan pronto pierden el miedo y aceptan el alimento, se toma un "maestro" de canto, que les enseñará durante aproximadamente un mes. De este modo, el pájaro mayor entrena al pajarito que está en cautiverio.

Si tiene un buen maestro, el pájaro joven aprenderá a producir sonidos hermosos. Pero si se le acerca a dicho maestro, luego de haber pasado su primer mes en libertad, fracasará, como lo demuestra la experiencia de varios años.

El ejemplo de los ruiseñores me recuerda que muchos de los problemas que tienen algunos niños podrían resolverse si tuvieran padres que "cantaran bien", padres que se hicieran responsables por el tono emocional de su hogar, padres que entendieran que sus hijos absorben la atmósfera emocional y aprenden a responder ante la vida como lo hacen su madre y su padre.[1]

Cada uno de nosotros debe responsabilizarse por sus pecados y por lo efectos de estos sobre nuestro cónyuge e hijos. No debiéramos culpar al diablo por aquello que elegimos hacer nosotros. Cuando hacemos lo que no está bien, debemos arrepentirnos; el arrepentimiento nos mantiene cerca del Señor e impide que el diablo pueda tener asidero en nuestras vidas.

> Cuando hacemos lo que no está bien, debemos arrepentirnos; el arrepentimiento nos mantiene cerca del Señor e impide que el diablo pueda tener asidero en nuestras vidas.

¿Es fácil mantener una atmósfera espiritual positiva en el hogar? Por supuesto que no. Debe implorar que la paz del Espíritu Santo descienda sobre su hogar. Luego debe hacer el esfuerzo de cooperar con la voluntad del Espíritu para usted y su familia.

Cuando la ira gobierna sobre la vida de una persona, los espíritus de la ira, el odio, la malicia, el resentimiento, la amargura, los celos, el enojo y demás cosas similares, se sienten atraídos como las moscas a la miel. Cuando el amor, el gozo y la paz gobiernan la vida de una persona, los demonios son repelidos y Dios es bendecido. El Espíritu Santo se siente en casa en presencia de estos atributos del Reino. *"Pero tú eres santo, tú que habitas entre las alabanzas de Israel"* (ver Salmo 22:3).

Nuestras pertenencias

Del mismo modo en que las actitudes y conductas malas afectan de manera adversa a la atmósfera espiritual de nuestros hogares, sucede con nuestras pertenencias. ¿Qué significa esto?

Si le advirtiéramos que ciertas cosas que hay alrededor de su casa atraen a las serpientes más venenosas, ¿las dejaría allí? ¡Por supuesto que no lo haría! Sin embargo, el tener cosas impuras entre nuestras pertenencias deshonra a Dios y atrae a los demonios.

En el Antiguo Testamento Dios advirtió a su pueblo que destruyera los postes de Asera, que desmantelaran los altares paganos y destruyeran los ídolos (ver Jueces 6:25-26). No debían dejar nada entre sus pertenencias que deshonrara a Dios. En el Nuevo Testamento, los efesios recién convertidos al cristianismo debieron quemar los libros que se referían a los dioses y diosas de sus antiguas religiones (ver Hechos 19:19).

Al tomar en cuenta estos pasajes, es importante recordar que nuestras pertenencias reflejan nuestras prioridades. Son el testimonio de nuestra verdadera condición espiritual. Jamás fue más cierto esto en nuestras vidas que cuando viajamos como evangelizadores itinerantes.

Durante ese tiempo vivimos en siete casas rodantes. Una vez, mientras íbamos a comprar una casa rodante, vimos una que había pertenecido a una pareja de evangelizadores itinerantes, como nosotros. Nos impactó dicha casa, era justamente lo que necesitábamos.

Nos habían invitado a examinar todo lo que había en ella. Al medir las pequeñas alacenas y armarios para ver si cabrían todas nuestras cosas allí, abrimos un cajón que había bajo una de las camas. Para sorpresa y desilusión nuestra, encontramos una pila de revistas pornográficas. Como podrá imaginar, de un plumazo el "capital espiritual" de esta gente se derrumbó ante nuestros ojos. El infierno ciertamente sonreía al ver el cajón lleno de pornografía que el ministro mantenía oculto.

Lo que rara vez notan las personas –como seguramente sucedió con este ministro y su esposa– es que estas posesiones maléficas invitan al diablo a entrar, le dan permiso para sentirse como en su casa. Cuando los espíritus demoníacos se sienten en casa, comienzan a hostigar, a influenciar y a manipular a los miembros de una familia, los incitan a conductas cada vez peores. La atmósfera espiritual del hogar gradualmente cambia, en tanto el ciclo no se rompa. El Espíritu Santo, apenado, se retira como lo hizo de la vida de Sansón (ver Jueces 16:20). Y, como cristianos, a pesar de que estamos en Cristo, ya no estamos en el lugar de la bendición de Dios. Peor aún, entonces somos espiritualmente vulnerables y nos volvemos objeto de vergüenza para el Señor Jesús.

Sin duda, los ángeles de Dios se preocupan entonces, y Dios, queriendo bendecirnos y protegernos, observa con tristeza cómo desperdiciamos nuestras oportunidades. En nuestra ignorancia, y algunas veces con desobediencia intencional, renunciamos a las bendiciones del Padre y a su ayuda angelical. El enemigo se divierte a lo grande.

La presencia espiritual predominante

El mundo de los espíritus es real, existe junto al mundo natural. Compartiendo su hogar, junto a usted y su familia, puede haber espíritus angelicales y demoníacos. Jesús dijo del Espíritu

Santo que era como un viento que puede ir y venir sobre la Tierra (ver Juan 3:8).

 Coexistiendo con lo que físicamente vemos, hay seres espirituales que pertenecen a dos reinos opuestos: al reino de Satanás, de las tinieblas, o al reino de luz de Dios.

Se describe a Satanás como un león rugiente que vaga por la Tierra (ver 1 Pedro 5:8). La proporción entre ambos, en continuo cambio, es el ingrediente que establece la atmósfera espiritual de su hogar. Si bien es cierto que la mayoría de nosotros no puede ver esa dimensión, igualmente se encuentra allí. Coexistiendo con lo que físicamente vemos, hay seres espirituales que pertenecen a dos reinos opuestos: al reino de Satanás, de las tinieblas, o al reino de luz de Dios.

> *No mirando nosotros las cosas que se ven, sino las que no se ven; pues las cosas que se ven son temporales, pero las que no se ven son eternas* (2 Corintios 4:18).

Los bebés y los niños pequeños naturalmente ven la dimensión espiritual. Ven a los ángeles y a los demonios. De hecho, cuando un niño dice que hay un monstruo en su habitación y los padres encienden una linterna para mirar dentro del armario o debajo de la cama, para que el niño compruebe su error, son los padres y no el niño quienes necesitan instrucción. Permítanos relatarle una historia de nuestra vida familiar que nos convenció de que los niños ven el reino de los espíritus.

Una vez, cuando nuestro hijo más pequeño, Brian, tendría unos catorce años, entró en la cocina una mañana para tomar el desayuno y me dijo:

—Papá, anoche me sucedió la cosa más extraña cuando estaba ya casi dormido. Miré en la oscuridad de mi habitación, y contra el cielo raso, vi cientos de caras de demonios riéndose burlonamente de mí.

—¿Qué hiciste entonces, hijo? —le pregunté.

—Le dije a Dios que yo estaba muy cansado, y le pedí que los quitara.

—¿Y qué te dijo Dios? —quise saber entonces.

—Dijo "no", papá.

—¿Y porqué te dijo no?

—Sí —Dios dijo— Brian, quiero que te vean dormir.

¡Ajá! ¿Puede usted imaginar la humillación de un equipo de demonios cuya única tarea consistía en asustar a un joven siervo del Señor, al ver que se dormía plácidamente a pesar de sus amenazas?

Le dije:

—Brian, ve a buscar tu Biblia.

Cuando volvió con su Biblia, le dije:

—Léeme el Salmo 3.

Mi hijo leyó:

> *¡Oh Jehová, cuánto se han multiplicado mis adversarios! Muchos son los que se levantan contra mí. Muchos son los que dicen acerca de mí: No hay para él salvación en Dios. Mas tú, Jehová, eres escudo alrededor de mí; mi gloria, y el que levanta mi cabeza. Con mi voz clamé a Jehová, y él me respondió desde su monte santo. <u>Yo me acosté y dormí, y desperté, porque Jehová me sustentaba. No temeré a diez millares de gente, que pusieren sitio contra mí.</u> Levántate, Jehová; sálvame, Dios mío; porque tú heriste a todos mis enemigos en la mejilla; los dientes*

de los perversos quebrantaste. La salvación es de Jehová; sobre tu pueblo sea tu bendición (frase subrayada por los autores).

—Brian —le expliqué— ¡el Señor ha hecho que vivieras el Salmo 3!

El don de discernimiento de espíritus

Hay también un don espiritual que el apóstol Pablo menciona como *"el discernimiento de espíritus"* (1 Corintios 12:10). Este don demostrado de muchas maneras en diversos niveles, es la habilidad de ver o sentir el nivel de los espíritus de una u otra forma.

Una expresión de este don es la capacidad de ver seres espirituales. Esto no debiera sorprendernos. Después de todo, las Escrituras mencionan cantidad de veces la visión de ángeles. Un ejemplo clásico es el de Eliseo y su sirviente, que despertaron para descubrir que estaban rodeados de un ejército con caballos y carros. El sirviente temía por su vida. Eliseo le dijo:

—*No tengas miedo, porque más son los que están con nosotros que los que están con ellos* (2 Reyes 6:16).

Luego Eliseo oró, diciendo:

—*Te ruego, oh Jehová, que abras sus ojos para que vea* (2 Reyes 6:17).

El Señor abrió los ojos del criado, y este miró; ¡y vio que el monte estaba lleno de ángeles de a caballo y carros de fuego, dispuestos a defenderlos!

Espíritus buenos y malos

Muchos de ustedes estarán pensando: ¿quiénes son las huestes de ángeles? ¿Y quiénes los demonios contra quienes luchan?

Los ángeles son los ayudantes espirituales de Dios. Dios ha utilizado ángeles para llevar a cabo su ministerio en la Tierra, casi desde el comienzo. ¡En al Antiguo Testamento solamente, hay noventa y nueve referencias a los ángeles! Incluyendo los siguientes ejemplos:

Dos ángeles que aparecieron en Sodoma (Génesis 19).
Los ángeles de Dios que se reunieron con Jacob (Génesis 32).
Los ángeles que aparecieron ante Moisés (Éxodo 3).
David interactuó con un ángel (1 Crónicas 21:16).
Un ángel se le apareció a María para anunciarle el nacimiento de Jesús (Lucas 1).
Un ángel se le apareció en sueños a José (Mateo 1).
Un ángel liberó a Pedro (Hechos 12).

La contraparte malvada de los ayudantes de Dios, son lo demonios, que responden a Satanás. Muchos creen que estos espíritus oscuros con los ángeles caídos de los que habla la Biblia, los ángeles que junto a Lucifer se rebelaron y fueron expulsados con él del cielo, y que en última instancia, fueron arrojados sobre la Tierra (ver Isaías 14:12-15; Lucas 10:18). Sin embargo, hay otras especulaciones plausibles acerca de qué pueden ser los demonios.

Lo que sí sabemos, es que los demonios, como Satanás, vagan por la Tierra. Algunos vagan sin rumbo por los edificios; otros están específicamente asignados a ciertos lugares. Algunos aparecen como fantasmas o espíritus de personas fallecidas ¿Por qué hacen esto? Porque desesperadamente buscan interactuar con la humanidad. Satanás sigue buscando a quienes devorar (ver Lucas 11:24; 1 Pedro 5:8).

Por nuestra experiencia, también sabemos que los espíritus demoníacos parecen anhelar la presencia material. Por ello, buscan continuamente un objeto físico, sea humano o animal, o un objeto hecho de piedra o madera que puedan manipular para sus propósitos.

Huéspedes espirituales

¿Por qué debemos suponer que el ministerio de los ángeles es menor en nuestros días que en los tiempos de los relatos bíblicos? Según las profecías de Jesús para el final de los tiempos, y el libro del Apocalipsis, los ángeles estarán muy activos en los últimos días, ¡y por supuesto, en el Cielo, durante toda la eternidad!

Oración

Señor, eres mi Rey y Salvador. Gracias por la Palabra de Dios que dice en 1 Juan 4:4: *"Hijitos, vosotros sois de Dios, y los habéis vencido, porque el que está en vosotros es mayor que el que está en el mundo"*. Con esta autoridad que proviene de ti en mí, Señor Jesús, te pido que reemplaces toda influencia demoníaca en mi hogar, ahora mismo, con tu paz. Muéstrame lo que en mis actitudes o conductas pudiera ser atractivo para el enemigo (enumere cada una de las cosas que el Señor trae a su mente).

Ahora, Señor, por favor muéstrame lo que entre mis pertenencias Te deshonra, sea en mi hogar, en mi automóvil o negocios (enumere cada una de las pertenencias). Lo destruiré para agradarte en cada uno de los aspectos de mi vida. Gracias por mostrarme el camino. En el nombre de Jesús. Amén.

Nota:
1. Sinichi Suzuki, citado en Valerie Bell, *Getting Out of Your Kids' Faces and Into Their Hearts* (Sacándolo de los rostros de sus niños y llevándolo hacia sus corazones), Grand Rapids, MI: Zondervan Publishing, 1994, pp. 76-77.

CAPÍTULO TRES

Síntomas de contaminación espiritual

*N*os hallábamos parados en el lugar en donde había habido una iglesia. Era extraño sentir que el edificio derrumbado se hallaba ahora flotando por el río San Jacinto, arrastrado por una furiosa inundación.

El pastor nos contó acerca de los problemas que había enfrentado su congregación mientras construían el templo, incluso la cuenta de depósito, los inexplicables olores pútridos y la extraña conducta de ciertas personas en la iglesia.

—¿Qué podría causar todo esto? —preguntó el pastor

—Pareciera como si el terreno estuviese contaminado —respondí yo (Alice).

—Es extraño que lo diga. ¿Sabía usted que la película *Secretos de la Tumba*, protagonizada por Patty Duke, se filmó en el vecindario? Los empresarios inmobiliarios nunca les dijeron a quienes compraron estas casas que el terreno había sido un antiguo cementerio indígena. Luego de que los propietarios se hubieran mudado aquí, muchos comenzaron a sentir olores feos y a ver que sus bombillas de luz estallaban sin razón aparente, o a enfermar cada vez peor. Tristemente, algunos de los vecinos demandaron legalmente a los empresarios inmobiliarios.

Otros, simplemente se fueron. Sus casas están abandonadas. Esperaba que estuviésemos lo suficientemente alejados del cementerio, como para no vernos afectados.

Los síntomas

El Antiguo Testamento menciona terrenos corruptos más de quince veces. La palabra hebrea para "contaminado" es *taw-may*, que significa podrido, corrupto, especialmente en sentido moral o ceremonial.

Las casas, como así también los terrenos, pueden estar espiritualmente contaminados.

En Números 25:1-13 encontramos la historia de cómo los israelitas comenzaron a practicar la prostitución al ofrecer sacrificios y arrodillarse ante Baal-peor, el dios de Moab. La contaminación se había infiltrado de tal manera en la tribu, que uno de los israelitas trajo a una prostituta medianita al tabernáculo donde Moisés y la congregación se hallaban adorando a Dios.

Cuando el sacerdote Finees, bisnieto de Aarón, el alto sacerdote, vio esto, tomó una jabalina y mató al israelita y a la prostituta.

Como diría el famoso comentarista de radio Paul Harvey: "Y ahora... el resto de la historia". Luego de que la abominación fue eliminada de modo tan abrupto, la plaga contra los israelitas se detuvo; pero quienes murieron a causa de la plaga, sumaron veinticuatro mil (ver Números 25:8-9).

¿Lo ve usted? ¡Las enfermedades y muertes de veinticuatro mil personas fueron el resultado de la contaminación espiritual! ¡Qué tragedia!

Si pretendemos que las enfermedades no invadan nuestros hogares, debemos estar en permanente guardia, atentos a las posibles causas de contaminación.

El primer paso para reconocer las fuentes de la contaminación es conocer los síntomas:

- Enfermedades crónicas repentinas.
- Pesadillas recurrentes.
- Insomnio o inusual dificultad para conciliar el sueño.
- Problemas de conducta.
- Problemas de relación: peleas, discusiones continuas, mala comunicación.
- Falta de paz.
- Niños inquietos, perturbados.
- Enfermedad sin explicación, o esclavitud del pecado.
- Apariciones demoníacas o de espíritus (los niños pequeños son especialmente susceptibles).
- Poltergeists (objetos físicos movidos por demonios).
- Olores pútridos inexplicables.
- Pesadez en la atmósfera, que hace difícil respirar.
- Náuseas y dolores de cabeza continuos.

Del mismo modo en que para los israelitas la limpieza de la atmósfera resultó en la solución del problema, si limpiamos la atmósfera de nuestros hogares, sucederá lo mismo

¿En qué consiste la contaminación?

Hemos tenido el privilegio de ayudar a personas cristianas a descartar literalmente miles de dólares en pertenencias que Dios reveló eran contaminantes para ellos y sus hogares. Estas cosas no reflejaban la bondad, la rectitud, la verdad y el carácter de Dios. Hemos descartado mobiliario, ropa, joyas, pinturas, elementos de ocultismo, esculturas, estatuas, libros, revistas, discos, posters, audiocasetes y videocasetes, íconos religiosos y hasta rosarios.

¿Qué podría estar mal con un rosario?, dirá usted. Bien, del mismo modo en que sucede con todo elemento hecho por humanos para ayudar a las personas a orar, el rosario –o elementos similares tradicionalmente utilizados para orar– puede utilizarse para la idolatría.

Ralph Woodrow, en su libro Babylon Mystery Religion, escribe:

> "La Enciclopedia Católica dice: 'En casi todos los países, entonces, encontramos un elemento de cuentas para decir rezos, o rosario'".
>
> Cita una cantidad de ejemplos, incluso una escultura de la antigua Nínive, mencionada por Layard, de dos criaturas femeninas aladas, que rezan ante un árbol sagrado, cada una de ellas con un rosario. Durante siglos los musulmanes han utilizado un rosario de treinta y tres, sesenta y seis o noventa y nueve cuentas, para contar los nombres de Alá. Marco Polo, en el siglo XIII, se sorprendió al ver que el rey de Malabar utilizaba un rosario de piedras preciosas para rezar. San Francisco Javier y sus compañeros también se sorprendieron que los rosarios fueran universalmente familiares para los budistas de Japón.
>
> Entre los fenicios, un círculo de cuentas a manera de rosario se utilizaba para adorar a Astarte, la diosa madre, alrededor del año 800 a.C.[1]

Si ha sido usted criado como católico, en oración tome en cuenta lo siguiente: estábamos en viaje de ministerio por el nordeste de Europa, en Latvia. Muchas personas concurrían a cada reunión. Sin embargo, la unción espiritual en nuestras vidas se veía obstaculizada por alguna inexplicable razón.

Una noche, mientras yo (Eddie) luchaba por conciliar el sueño, clamé al señor: "¿Por qué, Señor? ¿Por qué es tan difícil aquí?" No oí respuesta alguna. Y pronto me dormí.

Aproximadamente a las 03:00 desperté súbitamente de un sueño pesado. Sentí el impulso irreprimible de tomar lápiz y papel. Era claro que el Padre quería hablarme. Durante los siguientes veinte minutos escribí lo que parecía oír en su voz: "La restricción espiritual que experimentas es el resultado de los íconos religiosos, específicamente del crucifijo".

Sabía que el crucifijo es el símbolo de Jesús en la cruz. ¿Pero cómo podía ser un problema? Sentí que el Espíritu Santo decía: "El crucifijo es una 'fotografía' de la hora sublime de Satanás. Sea tallado en madera, en piedra, pintado o moldeado en bronce, el crucifijo presenta al mundo un Dios muerto, indefenso, que provoca lástima en muchos y fe en pocos".

Luego recordé todas las naciones que habíamos visitado. ¿Cuántas veces habíamos visto imágenes e íconos de Jesús? El noventa y nueve por ciento lo presentaban como débil, destruido, sufriente o muerto. ¿Y su madre, María? A ella se la mostraba vivaz, atractiva y saludable. A menudo se la veía sosteniendo el cuerpo inerte de Jesús –aunque en las Escrituras esto no se menciona–. ¡La cruz no fue una tragedia, es una victoria!

El Espíritu Santo continuó: "La crucifixión no es el punto principal del evangelio. La tumba abierta lo es. Vuelve y lee los sermones del Nuevo Testamento". Lo hice. Con toda claridad, los apóstoles predicaban: "Con manos malvadas han crucificado a Jesús, pero Dios lo ha resucitado y Él ha ascendido a lo alto" (Le urgimos a tomar unos minutos ahora para leer Hechos 2:23-36; 3:15; 4:10; 5:30-31; 10:39-41; 13:28-37; 17:30-32.) ¡Es verdad! ¡El mensaje del evangelio que los apóstoles predicaban contiene tres veces más referencias a la resurrección que a la crucifixión! No solo está vacía la cruz, ¡SINO QUE LA TUMBA TAMBIÉN LO ESTÁ! ¡Es un Cristo viviente, y no un Cristo muerto! El tema central del evangelio no es la cruz sino la tumba vacía.

Luego el Espíritu Santo me hizo recordar nuestra visita a Jordania. En el avión había una fotografía del rey de Jordania. En la pared del aeropuerto de Amman había una fotografía gigante del rey de Jordania. En nuestro taxi había una fotografía de él, también. Mientras íbamos por las calles, su imagen llenaba carteles y paredes. También el lobby de nuestro hotel la ostentaba. El Señor me recordó que al mantener una imagen ante las personas, reforzamos el mensaje.

Entonces Dios me recordó lo que Pablo dice en 1 Corintios 15:13-14:

> *Porque si no hay resurrección de muertos, tampoco Cristo ha resucitado. Y si Cristo no ha resucitado, vana es nuestra predicación; vana también es vuestra fe.*

Sentí que mi corazón se partía al ver que las naciones que elevaron y ensalzaron al crucifijo con su Jesús muerto e indefenso, habían sido las más difíciles de alcanzar con el evangelio de Cristo.

La noche siguiente volvimos al salón de la conferencia. Les dijimos a las personas el mensaje que habíamos recibido del Señor. Les impactó esta revelación. Con gozo y expectativa comenzaron a quitarse los colgantes y pulseras con crucifijos. Al hacer esto, los cielos se abrieron. Hubo personas que nacieron de nuevo y fueron liberadas. Uno de los casos de salvación más salientes fue el de una bruja blanca.

He aprendido a lo largo de los años que una cosa es dar cosas a Dios para poder vivir para Él. Pero abandonar cosas por Dios, como lo aprendiera el joven rico, para poder morir a este mundo y escapar de sus ataduras, es algo muy diferente.

Al tomar en cuenta sus pertenencias, no se olvide de la parafernalia religiosa. Quizá su indebido apego a las imágenes religiosas impide que de verdad usted pueda avanzar como cristiano. Si está luchando con este tema, recuerde:

> Y cuando venga el Espíritu de verdad, él os guiará a toda la verdad; pues no hablará por sí solo, sino que hablará todo lo que oiga y os hará saber las cosas que han de venir (Juan 16:13).

Limpiemos nuestro hogar con amor

Recuerde que la limpieza espiritual del hogar no debe hacerse movida por el temor o la superstición, debe hacerse por devoción sabia y sincera a Dios, con amor. Nuestros hijos necesitan ver a sus padres sin miedo, como ejemplos a seguir. Necesitan ver la suficiencia de Cristo en nosotros. Nuestro objetivo debe ser el de tener hogares que honren a Cristo; hogares en los que Él se sienta cómodo, y donde la presencia de su Espíritu Santo predomine.

A pesar de que Cristo derrotó con firmeza a Satanás al morir en la cruz, Dios aún ha dejado a su enemigo aquí, para que aprendamos a vencer.

No hemos sido llamados a vivir la vida en el vacío. Nacimos en un campo de batalla. A pesar de que Cristo derrotó con firmeza a Satanás al morir en la cruz (ver Colosenses 2:15), Dios ha dejado aún aquí a su enemigo, para que aprendamos a vencer. Dios ha prometido preparar su mesa para nosotros *"en presencia de mis angustiadores"* (Salmo 23:5). Así que, no teman hermanos y hermanas: Cristo es nuestra fortaleza y nuestro escudo, y Él honrará nuestros esfuerzos por mantener una casa dedicada a Dios. ¡Y si caminamos en obediencia a Él, Él asignará a sus ángeles para que nos asistan! Hebreos 1:14 dice: *"¿No son todos espíritus ministradores, enviados para servicio a favor de los que serán herederos de la salvación?"*

Oración

Padre, tu Palabra es una luz en mi camino. Ilumina mi camino ahora mismo, mientras me muestras toda contaminación espiritual traída o por mi familia o por residentes anteriores en mi casa. Me arrepiento de mi ignorancia y por la de mis ancestros (ver Nehemías 1:4-11). Lava en mí estas ofensas con tu sangre, Señor Jesús, y otórgame completa libertad y victoria.
En el nombre de Jesús, amén.

Estos son los elementos que descartaré (haga una lista).

Estos son los elementos que venderé (haga una lista).

Ahora, con los ojos abiertos, diga firmemente:

"En el poderoso nombre de Jesús, rompo todo contrato, acuerdo o alianza impuros que haya hecho yo con el reino de las tinieblas, y les ordeno, demonios, dejar mi hogar, mi familia y a mí, ¡ahora!"

A continuación, vaya y busque esos elementos y póngalos en un cesto de basura o cuidadosamente quémelos en un lugar seguro. Si alguno de estos elementos es valioso y no es intrínsicamente malo —es decir, que tiene significado desfavorable únicamente para usted— véndalo o regálelo. ¡Sea libre!

Nota:
1. Ralph Woodrow, Babilonia misterio religioso, Editorial Clie, Barcelona, España, 1987 (Riverside, CA: Ralph Woodrow Evangelistic Association, Inc., 1966) p. 27, citando La Enciclopedia Católica, vol. 15, pp. 459 y 484.

CAPÍTULO CUATRO

Causas de la contaminación espiritual

Antes de que Dios me llamara al ministerio (escribo yo, Alice), trabajaba como agente inmobiliario en el noroeste de Houston. Había una propiedad que me resultaba enigmática, una casa atractiva en un barrio de clase media-alta, recientemente pintada a nuevo, con empapelado y alfombras nuevos. Los compradores potenciales parecían quedar impactados con la casa, y continuamente expresaban interés. Pero por algún motivo, simplemente no se vendía.

La joven pareja cristiana que buscaba vender la propiedad se sentía igualmente confundida y desilusionada. Luego de orar con ellos por la venta, decidimos traer a un equipo de intercesores para que oraran en la propiedad. A medida que el equipo de oración se movía por la casa, nuestro hijo menor, Brian, dijo:

—Mamá, creo que el Señor acaba de mostrarme que hay símbolos satánicos dibujados en las paredes del garaje y en el cielo raso de la casa.

Como yo había estado en la casa infinidad de veces, y seguramente habría notado estas cosas si hubiesen estado allí, ¡le agradecí amablemente y le dije que no creía que fuera ese el caso! Debía estar equivocado.

Sin embargo, al entrar y por respeto a mi hijo, les mencioné a los propietarios lo que él acababa de decirme. Se miraron, asombrados. La esposa explicó:

—Los últimos inquilinos pintaron con aerosol símbolos satánicos en las paredes del garaje. Como sabe usted, hemos pintado a nuevo toda la casa, pero venga y le mostraré parte del dibujo que aún puede verse detrás de la caldera.

Seguro, y como decía la mujer, podía verse el contorno de un pentagrama (estrella de cinco puntas). Pero ¿dónde estaban los símbolos del cielo raso? Este no había sido repintado, y no se veían símbolos en ninguna parte.

Luego Eddie dijo:

—Esperen un momento. Hay dos cielo rasos en esta casa. El que vemos, y el del ático, que no se ve.

Encontramos la escalera, subimos al ático con nuestra linterna, y allí, para sorpresa nuestra vimos otro pentagrama negro, pintado con aerosol, en el techo.

Guiamos a los propietarios en el arrepentimiento en representación de los inquilinos anteriores, por haber ensuciado la casa. Luego recorrimos la casa, la ungimos con óleo y la dedicamos al Señor. Al alejarnos, sentimos en nuestros corazones que Dios nos había oído y que la maldición se había roto. De seguro, y tras haber estado en venta durante más de seis meses, ¡la casa se vendió a buen precio unas doce horas después!

Visitación demoníaca vs. habitación demoníaca

Si se compromete usted con la intercesión y el ministerio espiritual efectivo, es posible que de tanto en tanto se encuentre con espíritus demoníacos. Esto le sucedió a Jesús, por cierto, cuando Él estaba en esta Tierra. Al igual que Jesús, jamás tendremos el lujo de vivir en una zona libre de demonios. Por el contrario, estamos en guerra espiritual y Satanás tiene buena puntería. ¡Es cosa seria ir en serio junto a Cristo y su reino!

Pero hay una diferencia entre la *habitación demoníaca* y la *visitación demoníaca*.

Estamos en guerra espiritual, y Satanás tiene buena puntería.

La casa que mencionamos anteriormente se había vuelto una habitación para los demonios. En dichos casos, los demonios han sido asignados a, o simplemente eligieron vivir en un determinado lugar. En este caso, los espíritus demoníacos habían sido atraídos por el pecado de los inquilinos anteriores.

Dicha habitación es muy diferente de las visitaciones por las que pasan quienes sirven a Dios. De hecho, si tiene usted el plan de servir a Dios en las primeras filas de la batalla del Reino, ocasionalmente se enfrentará al enemigo. Recibirá su visita de tanto en tanto. ¡Créanos, lo sabemos!

Una noche, luego de una liberación muy intensa de una mujer joven, despertamos a causa de un ruido que parecía ser provocado por una pelota de golf que pegaba en nuestro techo. Pero nos sorprendió el hecho de que al mirar por la ventana, vimos que no llovía ni caía granizo. Ni siquiera soplaba una leve brisa. La visitación demoníaca continuaba, sin embargo. No íbamos a dejar que el enemigo nos intimidara: ordenamos a los iracundos demonios que se callaran y nos dejaran en paz. El ruido cesó y volvimos a la cama, y a dormir.

Cuando obedecemos al Espíritu Santo, Él se goza en manifestar su pacífica presencia. Cuando obedecemos a los espíritus del mal, estos se gozan en manifestar su impura presencia. Esto aparentemente tiene que ver con los lazos legales o derechos contractuales que les otorgamos.

¿Alguna vez se ha visto intimidado por el diablo? ¿Qué hizo entonces?

¿Al azar o asignados?

Un amigo nuestro, que es pastor, nos relató una visitación nocturna en que un demonio comenzó a intentar estrangularlo mientras dormía. Hemos pasado por esto, por lo que comprendíamos su alarma. Dijimos:

—Pastor, ¿puede imaginar usted al pobre demonio a quien le tocó la tarea de estrangularlo? Estamos seguros de que habrá rogado no cumplir la tarea, pero su jefe lo envió de todos modos.

¡Estamos convencidos de que en muchos casos, para los demonios esto es más doloroso que para nosotros!

Sin embargo, una *visitación demoníaca* no es lo mismo que una *habitación demoníaca*. Cuando los demonios habitan un lugar, al igual que cuando habitan una persona, se requiere del ministerio de la liberación para expulsarlos. En sentido real, la liberación de una vivienda es parecida a la de la liberación de una persona. Uno identifica las ofensas cometidas, destruye los contratos hechos con las tinieblas, quita las cosas que sellan y simbolizan el contrato y que atraen o dan paso a la oscuridad, y luego dedica su hogar a Dios.

Fuentes de la contaminación

Las fuentes de la contaminación pueden adoptar diversas formas. Debajo encontrará una lista, algunos elementos siempre son instrumentos de las tinieblas; otros, pueden volverse instrumentales debido a nuestro enfermizo apego a ellos. Esta lista es representativa, y no incluye a todos los elementos posibles.

- Objetos relacionados con adoración pagana (muñecos de vudú, máscaras de espíritus, víboras, dragones, aves fénix, pájaros trueno, etc.).
- Elementos relacionados con pecados pasados (collares, anillos, cartas de amor, fotografías).
- Cosas con historia desconocida, que no son intrínsecamente malas por designio (ore por este objeto y dedíquelo a Dios. Descártelo si el problema persiste).
- Cosas que se han convertido en dioses para nuestras vidas (colecciones, antigüedades, vestimenta, dinero, joyas, etc.).
- Tablero Ouija (también conocido como Tablero de brujería).
- Juegos como *Calabozos y Dragones, Maestros del Universo, Pokemon* (combinación de las palabras "pocket" [bolsillo] y "monster" [monstruo] y video juegos con referencias a la brujería, violencia extrema, entidades e imágenes demoníacas o de lo oculto.
- Artefactos de adoración budistas, hindúes o de otros cultos orientales.
- Elementos de arte indígena o de cultos paganos, como la cruz (Ankh) egipcia (con el aro en la parte superior).
- Elementos relacionados con el satanismo, la brujería, New Age (Nueva Era), yoga (antiguos obeliscos o los postes de Asera del Antiguo Testamento) y las artes marciales.
- Elementos relacionados con la astrología, los horóscopos y la geomancia, Edgar Cayce, Jean Dixon.

- Libros de comics, posters de rock, música de hard rock y material con imágenes obvias de las tinieblas.
- Material pornográfico de todo tipo (incluyendo videos sexuales explícitos, libros, canales de cable y TV satelital, y sitios de Internet).
- Arte con representaciones obvias de lo demoníaco, como víboras, espíritus, muerte, gárgolas, calaveras, dragones, etc.
- Material relacionado con los Mormones, Testigos de Jehová, Iglesia de la Unidad, Cientología, cultos ancestrales, Islamismo, Rosacruces, Zen, Hare Krishna, etc.
- Elementos relativos a sociedades secretas como los Masones, la Estrella de Oriente, Caballeros de Malta, Calavera y huesos, etc.
- Libros y películas para niños, como Harry Potter, que alientan a los niños a buscar acceso al poder espiritual no autorizado por Dios.
- Amuletos, fetiches de la buena suerte, etc.
- Delantales masónicos, libros o anillos, símbolos orientales del yin y yan, adivinación del futuro con hojas de té, cartas del tarot, talismanes, etc.
- Películas con mensajes ocultos, violencia extrema, insultos excesivos o contenido sexual explícito.
- Libros (novelas que se centran en la sensualidad o la muerte y la destrucción).

Quizá esté usted pensando que algunos de los elementos mencionados son inofensivos e incluso divertidos. Pero los tratos con el diablo jamás son inofensivos. Siempre pagamos un precio.

Jamás fue esto tan claro para nosotros como durante una reunión de reavivamiento que llevábamos a cabo en una iglesia del sur de Texas, hace algunos años. Una señora y su hija se acercaron por el pasillo de la iglesia y con lágrimas en los ojos nos dijeron que habían consultado un tablero Ouija la noche anterior:

–Nos sentamos a cada lado del tablero y seguimos las instrucciones. Preguntamos: –¿Cuál es tu nombre? La flecha señaladora al comienzo se movía titubeante, pero luego, con total seguridad, escribió: "La muerte". Luego le preguntamos: –¿De dónde vienes? La respuesta fue: "De Satanás". Nuestros corazones se llenaron de miedo. Finalmente preguntamos: –¿Hasta dónde llega tu poder? El tablero respondió: "Hasta la sangre".

En caso de que siga teniendo dudas acerca de la inocencia de un objeto como el tablero Ouija, escuche la advertencia de Dios en Deuteronomio 18:9-14:

Cuando entres a la tierra que Jehová tu Dios te da, no aprenderás a hacer según las abominaciones de aquellas naciones. No sea hallado en ti quien haga pasar a su hijo o a su hija por el fuego, ni quien practique adivinación, ni agorero, ni sortílego, ni hechicero, ni encantador, ni adivino, ni mago, ni quien consulte a los muertos. <u>*Porque es abominación para con Jehová cualquiera que hace estas cosas, y por estas abominaciones*</u> *Jehová tu Dios echa estas naciones de delante de ti. Perfecto serás delante de Jehová tu Dios. Porque estas naciones que vas a heredar, a agoreros y a adivinos oyen; mas a ti no te ha permitido esto Jehová tu Dios* (frase subrayada por los autores).

Souvenires paganos

Una pareja de misioneros retirados buscó nuestra ayuda con respecto a su hijo adolescente, rebelde y drogadicto. Al visitar su casa nos sorprendió ver que estaba decorada por entero con artefactos de adoración pagana, que habían traído de sus viajes mientras eran misioneros en diversos países. ¡Pensaban que su hogar era una vidriera de curiosidades culturales pero, de hecho, estaba llena de imágenes de dioses demoníacos! ¡Jamás se habían dado cuenta de que su hogar era un santuario satánico! ¿Puede imaginar usted la pena del Espíritu Santo ante esto? ¿Está Dios recordándole que tiene usted algo como esto en su casa también?

Recuerdo a una familia que yo (Alice) ayudé para llegar a Cristo. Un espíritu molestaba continuamente a sus dos niños en edad preescolar. Nuestra investigación reveló una pintura en su sala de estar. Este bello cuadro de los Indios del Sudoeste, parecía inofensivo a primera vista. Representaba el cuerpo de un bravo indio derrotado, mientras era quemado en una pira funeraria. Sobre las llamas, el "hombre espíritu" del indígena, cabalgaba en su "caballo espíritu" hacia el paraíso.

La etiqueta en el reverso del cuadro explicaba que el artista era un *shamán*, que venía de un largo linaje de *shamanes*. Además, indicaba que este artista asignaba un ser espiritual a cada una de sus pinturas. De seguro, al quitar la pintura (sin que los niños lo supieran), el espíritu demoníaco o "fantasma" jamás volvió a molestarlos.[1]

Dios es claro cuando nos revela las cosas que nos traerán bendición o maldición a nuestras vidas. Por ejemplo, indica: *"Maldito el hombre que hiciere escultura o imagen de fundición, abominación a Jehová, obra de mano de artífice, y la pusiere en oculto"* (Deuteronomio 27:15).

¿También Stephen King?

Una familia tenía un problema con entidades espirituales que vagaban por su casa durante las noches. Nos invitaron a orar en su casa, para limpiarla. El Señor reveló diversos elementos impuros a medida que avanzábamos por las habitaciones.

Ya estábamos por irnos, cuando preguntamos:
—¿Qué hay en el ático?
—Nada —respondió el padre—. No guardamos nada en el ático.
—Sí, hay algo allí —insistimos—. El Señor acaba de decirnos que uno de sus problemas está en el ático. ¿Cómo llegamos hasta allí?

 Satanás es muy inteligente; utilizará todos los medios posibles para apartarlo a usted de la voluntad de Dios para su vida.

El hombre nos llevó hacia el garaje y colocó una escalera de mano bajo la puerta hacia el ático. Cuando entramos allí, descubrimos una gran caja de cartón en una esquina, llena de novelas de Stephen King. Los anteriores propietarios de la casa la habían dejado allí. Esa noche quitamos los libros, y la contaminación sobrenatural terminó.

Jamás sabrá usted dónde podrá encontrar contaminación. Manténgase alerta, Satanás es inteligente; utilizará todos los medios posibles para apartarlo a usted de la voluntad de Dios para su vida.

Halloween

Este capítulo no estaría completo si no tratáramos el tema de Halloween. Recuerde que hace treinta años, cuando éramos jóvenes padres, cada 31 de octubre solíamos disfrazar a nuestros niños y los llevábamos de puerta en puerta por el barrio para pedir golosinas.

Teníamos igualmente la suficiente sensibilidad hacia Dios como para no vestirlos como brujas, esqueletos, monstruos o seres del mal. Como hacíamos esto solo para divertir a nuestros niños, no sentíamos que participábamos en algo que no agradara a Dios.

Sin embargo, la luz −la revelación− llega donde se la recibe. En su momento, Dios comenzó a mostrarnos que Halloween es inherentemente malvado. Esto es porque a pesar de que Halloween es una fiesta religiosa, no es un día cristiano. El origen de Halloween es el festival celta de Samhain, dios de la muerte y los espíritus malvados. Mucho antes del nacimiento de Cristo −hace más de dos mil años− los druidas en Bretaña, Irlanda, Escocia, Francia, Alemania y otros países celtas, observaban el final de verano ofreciendo sacrificios a Samhain. Los celtas consideraban el 1 de noviembre como día de muerte, porque las hojas caían de los árboles. Creían que Muck Olla, su dios-Sol, perdía su fuerza, y que Samhain, dios de la muerte, lo vencía. Además, creían que el 31 de octubre Samhain reunía a los espíritus de todos los que habían muerto durante el último año.

Los sacerdotes druidas guiaban a las personas en ceremonias de adoración diabólica, en las que se ofrendaban caballos, gatos, ovejas negras, bueyes, seres humanos y otras cosas, envueltas y puestas en jaulas de mimbre para ser quemados en la hoguera hasta que murieran. Esto se hacía para aplacar a Samhain y mantener apartados a los malos espíritus, porque se creía que estos estarían hambrientos. Si uno les ofrecía una buena comida, entonces no caerían sus maldiciones sobre las personas que celebraban la ceremonia. De allí viene el origen de pedir golosinas o hacer una prenda. Tom Sanuinet, quien fuera sacerdote de Wicca, dijo esto acerca de Halloween:

> El pedido de golosinas o la pena de las prendas, es la representación actual de las prácticas de los druidas. Las golosinas reemplazan los sacrificios humanos que se efectuaban, pero esto sigue siendo algo que se hace

para aplacar a los engañosos espíritus del mal. La respuesta tradicional para quienes no regalan golosinas, es una broma o prenda. El ofrecer golosinas en Halloween simboliza un sacrificio a dioses falsos. Están ustedes tomando parte de la idolatría.[2]

Cuando comenzamos a ver las implicancias espirituales asociadas a la celebración de Halloween, decidimos que esto no agradaba al Señor Jesús. Así es que en lugar de celebrar Halloween, decidimos agasajar a nuestros hijos cada 31 de octubre. Apagábamos las luces de nuestro porche –para que los demás supieran que no participábamos de la fiesta– y llevábamos a los niños a su restaurante favorito, y más tarde a su entretenimiento preferido. Finalizábamos la noche llevándolos al pasillo de las golosinas de un mercado del barrio, donde podían llenar una bolsa con todo lo que les gustara ¡Estaban tan contentos! Como padres, impedíamos que disfrutaran de Halloween; ¡estábamos festejándolos a ellos! Y no teníamos por qué temer encontrar agujas u hojas de afeitar en la bolsa de golosinas.

Durante los últimos años las iglesias locales han comenzado a ofrecer alternativas a la celebración de Halloween, festivales de cosecha, vigilias de oración y reuniones de gloria donde toda referencia a Halloween es obviada y en su lugar se juegan juegos que traen salud. Se cantan canciones cristianas y se ven videos cristianos. Otros utilizan Halloween como noche para repartir literatura del evangelio. Sea lo que fuere que elija hacer usted: *"No seas vencido de lo malo, sino vence con el bien el mal"* (Romanos 12:21).

Una noche más con las ranas

Ahora que hemos examinado dónde pueden estar las telarañas de su casa espiritual, hablemos sobre lo limpia que debe estar su casa. La mayoría de las personas quiere que su hogar esté impecable, ¿no queremos entonces lo mismo para nuestras almas?

> **La mayoría de las personas quiere que su hogar esté impecable, ¿no queremos entonces lo mismo para nuestras almas?**

No todos desean estar tan impecablemente limpios. Cuando nos encontramos con este tipo de personas, recordamos a Moisés y al faraón. Siempre nos ha intrigado la respuesta del faraón a Moisés respecto de la plaga de ranas en Egipto. Recuerde usted que Dios envió una plaga de ranas y que los magos egipcios la aumentaron. Es interesante observar que en su intento por "competir" con Dios, ¡agravaron el problema del faraón! Los egipcios tenían ranas en su pan, en sus camas, en todas partes... ¡estaban invadidos por las ranas!

> *Entonces Faraón llamó a Moisés y Aarón, y les dijo: Orad a Jehová para que quite las ranas de mí y de mi pueblo, y dejaré ir a tu pueblo para que ofrezca sacrificios a Jehová. Y dijo Moisés a Faraón:* <u>*Dígnate indicarme cuándo debo orar por ti, por tus siervos y por tu pueblo, para que las ranas sean quitadas de ti y de tus casas, y que solamente queden en el río.*</u> *Y él dijo:* <u>*Mañana*</u>. *Y Moisés respondió: Se hará conforme a tu palabra, para que conozcas que no hay como Jehová nuestro Dios"* (Éxodo 8:8-10, frase subrayada por los autores).

El palacio del faraón estaba lleno de ranas, pero cuando Moisés le preguntó: "¿Cuándo quieres que te libere de las ranas?", el faraón respondió: "Mañana". ¡¿Mañana?! ¿Y por qué no *ahora mismo*? ¿Quién querría pasar una noche más con tanta ranas?

¿Está usted conforme con pasar una noche más con las ranas? Algunos cristianos están dispuestos a vivir vidas que están *casi* libres de plagas. Lo suficientemente libres como para ir a la iglesia una vez a la semana. Lo suficientemente libres como para vivir una vida moral. Pero no lo suficientemente libres como para causar verdaderamente un impacto al reino de las tinieblas al extender el reino de Dios.

Vivir en el espíritu

En este momento estará usted quizá preguntándose qué pasos puede tomar para evitar dicha contaminación en su vida. Todas las respuestas están en la Palabra de Dios. Léala, estúdiela. Mantenga los importantes mandamientos de Dios en su corazón. Se nos ha ordenado andar en la luz si vamos a mantenernos junto a Cristo (ver 1 Juan 1:7).

Y no participéis en las obras infructuosas de las tinieblas, sino más bien reprendedlas (Efesios 5:11).

Mas vosotros sois linaje escogido, real sacerdocio, nación santa, pueblo adquirido por Dios, para que anunciéis las virtudes de aquel que os llamó de las tinieblas a su luz admirable (1 Pedro 2:9).

La noche está avanzada, y se acerca el día. Desechemos, pues, las obras de las tinieblas, y vistámonos las armas de la luz (Romanos 13:12).

No apaguéis el Espíritu. No menospreciéis las profecías. Examinadlo todo; retened lo bueno. Absteneos de toda especie de mal (1 Tesalonicenses 5:19-22).

Ni deis lugar al diablo (Efesios 4:27).

Oración

Señor Jesús, te pido perdón por mi relación con lo oculto. Creí que era inofensivo. Ahora veo que no lo era. Lo veo y me arrepiento en tu presencia. Por favor, lava mi pecado y libérame del tormento del diablo.

Haga una lista de los libros, objetos de arte y elementos que Dios le indica quitar.

(Y diga con los ojos abiertos): Ordeno a todo espíritu de brujería o de anticristo a dejarme ahora mismo. No tienen derecho sobre mi vida. En el poderoso nombre de Jesús, ¡les ordeno dejar mi hogar, mi familia, mis pertenencias y a mí!

Notas:
1. El arte de la mayoría de las culturas se basa en imágenes e influencias religiosas o espirituales. Un clásico ejemplo es la utilización del dragón en el arte chino. El dragón es una de las descripciones de la Biblia para Satanás. El arte occidental, en su mayor parte, se basa en imágenes e influencias naturales (es decir, paisajes, retratos). Cuando se trata de objetos de arte, debemos ejercer cautela y discernimiento. Gran parte del arte de los nativos norteamericanos no tiene implicancias religiosas. Yo (Eddie) soy en parte cherokee, por lo que no critico a ningún grupo étnico.
2. Alianza de jóvenes cristianos, centro de estudiantes de la Isla Long Beach, Ship Bottom, New Jersey, e-mail: cya@computer.net.

CAPÍTULO CINCO

En el lugar menos pensado

ace unos años, una mujer que había sufrido de enfermedad y ataduras durante mucho tiempo nos pidió que enviáramos un equipo de oración a su casa. Mientras Eddie caminaba junto al escritorio de la mujer, el Señor le dio la siguiente impresión: "Creo que el cajón inferior está lleno de cosas contaminadas", dijo.

La mujer abrió el cajón y sacó de él una caja de zapatos llena de cartas de amor. Con lágrimas en los ojos y la voz quebrada por la emoción, explicó que las cartas eran de un convicto, que en el pasado había mantenido correspondencia con ella.

El prisionero le había escrito cartas apasionadas que hablaban sobre sus sentimientos por ella. Más tarde, sin embargo, descubrió que era todo mentira.

Engañosamente, había cultivado una relación falsa con ella, para poder enumerarla entre sus referencias, y así procurar una salida temprana de la prisión. Tristemente, hasta le había propuesto matrimonio a la solitaria mujer, a pesar de que jamás había tenido intenciones románticas para con ella.

–¿Por qué conserva esas cartas llenas de mentiras? –le preguntamos.

Llorando, admitió:

–A veces, cuando estoy sola por las noches, tomo esta caja, me siento junto al fuego y leo las cartas... intento revivir mis sueños extinguidos.

Le explicamos que había permitido que las mentiras se adentraran en su mente. Las cartas eran un símbolo de la exitosa campaña del enemigo. Finalmente, comenzó a expresar su enojo ante la mentira que había albergado, y estuvo de acuerdo con renunciar a los contratos que había efectuado con los espíritus mentirosos.

¡Es hora de que la Iglesia se enoje por lo que Satanás ha hecho! Muchos cristianos sienten que enojarse es pecado. ¡No necesariamente! Las Escrituras dicen: *"Airaos, pero no pequéis"* (Efesios 4:26). *"El amor sea sin fingimiento. Aborreced lo malo, seguid lo bueno"* (Romanos 12:9). La sanidad y la liberación para esta mujer llegaron cuando quemó las cartas.

Lazos impuros del alma

Al ministrar a una mujer cuyo diagnóstico era el de tener ciento veintisiete personalidades (ver "desorden de múltiple personalidad" en el glosario), observamos que llevaba un pendiente extraño. Le preguntamos quién se lo había dado. Dijo que su mejor amiga, y agregó que habían intercambiado zarcillos.

—Tu amiga tiene el mismo diagnóstico que tú, ¿verdad? –le preguntamos.

Asintió. Seguro, su amiga estaba internada a causa del mismo desorden de múltiple personalidad. Ambas estaban demonizadas, atadas en una alianza impura (ver glosario). Los collares eran los símbolos de su unión. No podría ser liberada hasta que se destruyera el collar y ella renunciara a este lazo impuro del alma.

Luego de que nuestro equipo de mujeres ministrara por ella durante tres días, la mujer se fue a casa, libre, ¡y solo con una personalidad, gozosa y llena de Cristo!

¿Es posible que nuestra renuencia a purificar nuestros hogares y nuestras vidas impida que la Palabra de Dios prevalezca con poder? Así lo creemos.

Hemos trabajado con muchas personas que sufrían de depresión y otros síntomas relacionados. Sorprendentemente, muchas de ellas llegaron a la libertad luego de haber destruido los diarios o registros espirituales en los que habían escrito —en ignorancia– sus pensamientos más oscuros. Habían documentado el éxito del enemigo al tomar nota escrita de sus pensamientos más negativos. ¡Le habían dado paso al diablo, al escribir sus quejas en contra de Dios, declarando y aún documentando la efectividad del diablo en sus vidas!

Esto es un ejemplo de lo que llamamos el lazo impuro del alma. Dichos lazos pueden incluir *souvenires*, dijes, libros, animales de peluche, fotografías, álbumes de música, joyas, cartas de amor, vestimenta, mobiliario y decoración para las paredes.

Muchos cristianos tienen pertenencias que guardan relación con sus pecados pasados. Cuando poseemos cosas que tienen relación con la relación pecaminosa de nuestra vida anterior, sin Cristo, insultamos a Dios. También esto deleita al enemigo y le da mayor poder para entrar en nuestras vidas. Deshágase de las viejas cartas de amor, de las joyas o ropas que representen o alienten el apego emocional, físico, psicológico o espiritual. ¡Líbrese de lo viejo para caminar en lo nuevo, en lo que es de Dios!

> Y muchos de los que habían creído venían, confesando y dando cuenta de sus hechos. Asimismo muchos de los que habían practicado la magia trajeron los libros y los quemaron delante de todos; y hecha la cuenta de su precio, hallaron que era cincuenta mil piezas de plata. [Una moneda de plata equivalía a la paga de un día de trabajo]. <u>Así crecía y prevalecía poderosamente la palabra del Señor</u> (Hechos 19:18-20, frase subrayada por los autores).

¿Es posible que nuestra renuencia a purificar nuestros hogares y nuestras vidas impida que la Palabra de Dios prevalezca con poder? Así lo creemos.

En una reunión de reavivamiento en Oklahoma tuvimos la oportunidad de guiar a la esposa de un joven pastor a la salvación y la liberación. Durante algún tiempo se había visto envuelta en una relación sentimental extramarital con un adolescente que era miembro de su iglesia. La guiamos hacia Cristo, y luego la acompañamos en el arrepentimiento, la reconciliación y la liberación con relación al tema. Pero a las pocas semanas, nuevamente se sentía severamente tentada y acosada por espíritus demoníacos.

Una noche nos llamó desde su ciudad, para explicarnos su problema. Le preguntamos si aún conservaba regalos que el adolescente le había dado. Recordó que tenía un collar y una blusa. Le sugerimos que los destruyera por completo. Eran los símbolos del contrato pecaminoso que había hecho con el enemigo. Ella y su esposo quemaron la blusa, y rompieron el collar, y entonces la relación se quebró, quedó libre del pasado.

A lo largo de la historia, cuando las personas han hecho acuerdos y convenios entre sí, los han sellado mediante la entrega de regalos (ver 1 Samuel 18:3-4). Por eso, es importante no solo romper los contratos sino también librarnos de los regalos que simbolizan y sellan los contratos efectuados. ¿Conserva usted *souvenires* del pecado? ¿Ha limpiado últimamente sus armarios?

> *¿Y qué acuerdo hay entre el templo de Dios y los ídolos?* <u>*Porque vosotros sois el templo del Dios viviente*</u>, *como Dios dijo: Habitaré y andaré entre ellos, y seré su Dios, y ellos serán mi pueblo. Por lo cual*, <u>*salid de en medio de ellos, y apartaos, dice el Señor, y no toquéis lo inmundo; y yo os recibiré*</u>, *y seré para vosotros Padre, y vosotros me seréis hijos e hijas, dice el Señor Todopoderoso. Así que, amados, puesto que tenemos tales promesas, limpiémonos de toda contaminación de carne y de espíritu, perfeccionando la santidad en el temor de Dios* (2 Corintios 6:16-18; 7:1, frases subrayada por los autores).

Pertenencias con pasado desconocido

A veces los objetos que tenemos en casa pueden tener un pasado desconocido. Pueden ser objetos heredados, o que encontramos o compramos.

Cuando nosotros éramos recién casados, vivíamos modestamente. Solíamos reír diciendo que nuestra casa estaba equipada con cosas de descarte. ¡En realidad, la mayor parte de las cosas provenía de ventas de garaje, "de una feria americana"!

Ahora, seamos realistas, no supersticiosos. Digamos que tiene usted una antigüedad heredada en su familia de generación en generación, de la que sabe poco o nada. ¿Debería descartarla? Continúe leyendo, por favor.

Antes de la derrota israelita en Hai, leemos cómo el pueblo de Israel derrotó con éxito a Jericó. Josué y sus hombres recibieron de Dios instrucciones respecto de tomar el oro, la plata y los objetos de metal y hierro para ser utilizados en servicio al Señor (ver Josué 6:24). Más tarde, después de la batalla exitosa en contra de Hai, Dios le dio a Israel todo el ganado y el botín de la ciudad (ver Josué 8:27). En Egipto, a los hijos de Israel Dios les dijo que tomaran prestado oro, plata, ropa y joyas de los egipcios para el viaje que emprenderían (ver Éxodo 12:35-36). No les preocupaba la contaminación de estos objetos, porque Dios les había dado su permiso.

Si un objeto tiene una historia desconocida, y carece de connotaciones malas, aún así utilice su sentido común. Si siente cierto rechazo por el objeto, ore y santifíquelo para el Señor. Llegado el caso, todas sus pertenencias debieran ser dedicadas al Señor. Luego, si aún tiene dudas, ponga ese objeto fuera de su casa –quizá en el garaje– durante algún tiempo. ¡Demás está decir que no deberá pedirle a otra persona que lo guarde para usted en su casa! Esté atento a cualquier evidencia que demuestre que el objeto estaba causando problemas. Si hay tal evidencia, líbrese del objeto.

Si luego de quitar el objeto continúan los problemas en su casa, entonces la causa está en otra parte. Siga buscando hasta encontrar al culpable. Y recuerde, ¡no hay pertenencia material que valga más que la dulce y pacífica presencia y protección del Espíritu Santo!

Pecados de propietarios anteriores

Una joven familia de nuestra iglesia necesitaba de mi ayuda (escribo yo, Eddie). Ninguno de sus dos hijos menores había podido dormir plácidamente en el cuarto del bebé que estaba junto al dormitorio principal. Cuando nació su segundo hijo, mudaron al hijo mayor a un tercer dormitorio, donde durmió profundamente por primera vez en tres años. ¿Pero cuál era el problema que había en el cuarto del bebé?

Mi hijo y yo pasamos por allí una noche para orar. Pasamos por el cuarto del bebé, lo miramos minuciosamente. No había objeto alguno que representara al mal. Desde el empapelado hasta los juguetes, parecía el cuarto perfecto para el descanso de un bebé.

Luego el Señor le mostró a Brian tres espíritus malos, parados en medio de la habitación.

—Hijo, descríbemelos —le pedí.

Mi hijo lo hizo. Uno de ellos era una mujer vieja, el otro, un hombre viejo, pero:

—Uno —dijo Brian— es enorme, papá.

—Bien, comencemos con el más grande —dije secamente. Entonces Brian comenzó a reír.

—¿Cuál es la gracia? —pregunté.

—Papá —respondió mi hijo— deberías haber visto la expresión de su rostro cuando te oyó decir: "Comencemos con el más grande".

Limpiamos el cuarto del bebé y lo bendecimos. Estos tres espíritus, indudablemente habían perturbado el sueño de los bebés. Pero me preguntaba aún qué era lo que les había dado derecho a estar en el hogar de esta familia cristiana.

Encontré la respuesta cuando estábamos por salir, y vi algo inusual. Había una mirilla atornillada al marco de la puerta, del lado de afuera de la habitación. Y había otro agujero en la parte de afuera de la puerta, donde alguna vez habría habido un cerrojo, seguramente para mantener al niño dentro de su cuarto.

Cuando llegamos a casa, se lo comenté a Alice. Ella me dijo:

—Eddie, yo le vendí la casa al propietario actual. Se la compraron a un oficial de policía. Él y su esposa tenían un niño pequeño, de edad preescolar. Querido, ese hombre era uno de los peores padres que yo haya visto jamás. Mientras firmábamos los papeles de la venta, maldecía y criticaba al niño todo el tiempo.

Luego entendí con claridad que los propietarios anteriores solían encerrar a su hijito en este cuarto cuando no querían ser molestados por él. Como dice a menudo el autor y disertante George Otis Jr.: "Durante el trauma, el alma busca muchos salvadores".

Mientras el niño estaba encerrado en la habitación, se acercaban los espíritus del mal para acompañarlo. Pueden hacer eso. Los demonios "ministran", cubren la necesidad de la persona para que esta piense que puede contar con ellos. Una vez que han captado a la persona, buscan destruirla (ver Juan 10:10).

Los propietarios actuales de la casa nos informaron que a partir de esa noche no hubo más problemas de sueño para los niños en ese cuarto.

Las actividades de los residentes anteriores de su casa pueden tener efectos que persisten y le afectan a usted y a su familia. La venta solo afecta a la posesión material. La posesión espiritual y su autoridad, sin embargo, son algo muy distinto.

Una familia descubrió que tan pronto tomaron posesión de su casa, comenzaron sus problemas financieros. Les preguntamos:

—¿Compraron la casa a buen precio?

—Oh, sí —respondió el esposo— era un remate judicial.

Cuando se arrepintieron ante Dios por los pecados financieros de los anteriores propietarios, rompieron las maldiciones de la propiedad y la consagraron al Señor, experimentaron una inmediata mejora en sus finanzas.

Lo mismo sucede con la violencia familiar, el divorcio y otros pecados cometidos por los dueños anteriores, que activaran en su momento fuerzas que contaminaron a la propiedad. Las fuerzas pueden ser expulsadas, y los contratos con los dueños anteriores, se anulan.

Las casas, cementerios y lugares "sagrados" que según los hechiceros o adeptos a la Nueva Era, tiene poderes especiales o están dedicados a demonios, con frecuencia requieren del ministerio de la liberación. Pero no necesitan ser destruidos. ¿Qué piensa usted? ¿Tendrá su casa problemas similares?

¿Pertenencias de otras personas?

Supongamos que tiene usted un compañero de habitación no salvo, que tiene una colección de libros sobre ocultismo. O quizá tenga un familiar poco comprensivo o perdido, que tiene pertenencias que deshonran a Dios, en la casa que comparte con usted. ¿Qué hará usted entonces?

Claramente, usted no tiene derecho a destruir o quitar las pertenencias ajenas. Le sugerimos que reúna la mayor cantidad de datos posibles y luego apele a ellos en el amor. Su presentación debe ser clara y bien preparada. No se base en la superstición. La iglesia tiene ya hoy demasiados cristianos supersticiosos. Base su pedido en las Escrituras, en su amor por Dios, su respeto por la santidad de Dios y su deseo de vivir bajo su protección y bendición. Pase algún tiempo orando y escuchando a Dios, oyendo sus palabras de sabiduría y sus instrucciones, antes de intentar presentar su pedido. Luego, haga su pedido con amor, amabilidad y respeto.

Si esto falla, entonces apele a Dios. Pídale al Señor que intervenga por usted y que le provea de protección. Recuerde que Moisés fue criado en la casa del faraón, y que José sirvió en la casa de Potifar en Egipto; ambas residencias deben haber estado llenas de artefactos de adoración pagana. Y, sin embargo, ¡ambos estuvieron protegidos por Dios, y fueron poderosamente utilizados por Él!

Cuando parece que ya no tenemos alternativas, siempre podemos vivir con la bendición de Dios, en cualquier lugar. Podemos purificar nuestras vidas y pertenencias. Podemos purificar el lugar en que vivimos y anunciar al enemigo a quién pertenecemos, claramente definiendo lo que sí nos pertenece y lo que pertenece a otros.

Responsabilidad de los padres

Padres, ¿qué hay de las pertenencias de sus hijos? Cuando se trate de niños pequeños, simplemente deseche los elementos ofensivos.

Sin embargo, en el caso de niños mayores, será útil aprovechar la oportunidad para enseñarles que detrás de algunos juguetes, juegos o libros, puede haber aspectos contaminantes. Como padres, debemos ser sensibles y amorosos en todos los aspectos de nuestra tarea. No debemos proyectar imágenes que provoquen el miedo.

Por supuesto, muchos de nuestros hijos son sensibles al Señor. Aman a Dios y realmente quieren agradarle. Muéstreles cómo orar sobre sus pertenencias, que sepan decidir qué es lo que honra a Cristo y qué es lo que no. Una vez al tanto de los hechos, muchos se deleitan en deshacerse de lo que sea contaminante.

Muestre a sus hijos cómo orar sobre sus pertenencias, que sepan decidir qué es lo que honra a Cristo y qué es lo que no.

Como padres, cada uno de nosotros debe decidir cómo criar a nuestros hijos. Sugerimos que apele a sus hijos con amor. Si esto no funciona, entonces ejerza su derecho como padre y dueño de la propiedad. Como propietarios, simplemente no permitiremos que ciertas cosas entren en nuestro hogar. Por favor escuchen a Dios, y luego decidan juntos lo que permitirán y lo que no. Verán que en cierto lugar deben marcar un límite.

¿Permitirá que en su hogar se escuche cualquier tipo de música? ¿Permitirá que se peguen posters de *rock* en sus paredes? ¿Permitirá el uso de tabaco o de drogas ilegales dentro de su casa? ¿Permitirá la pornografía? ¿Permitirá el sexo prematrimonial dentro de su casa? ¿Y qué de los altares satánicos?

Hemos visto padres que pelean entre sí por causa de temas relacionados con sus hijos. ¡También ustedes deberán establecer un límite en algún momento! Pero recuerden que si le dan al diablo paso para entrar, ¡pronto construirá una fortaleza dentro de su hogar! ¡Déle al enemigo la mano, y tomará el brazo entero!

Patrulla descontaminante efectiva

Un padre nos llamó desesperado una noche. Dijo:

—Amigos, necesito su ayuda. Nuestro hijo de diecisiete años está en su cuarto en este momento, escuchando música *heavy-metal*, *acid rock*, demoníaca, a todo volumen. Tiene posters de *rock and roll* en las paredes, y en este momento fuma marihuana. ¿Qué debo hacer?"

—¿Le ha pedido usted que quite todo eso de su cuarto? —le preguntamos

—Sí, pero se niega a hacerlo —respondió con voz queda.

—Lo que necesita más que nada en el mundo, es un papá —le dijimos.

—Soy su papá —acotó.

—No. Usted es su padre —dijo Eddie—. Un papá es más que un padre, porque establece límites. Cuando su hijo viola los límites, ¡debe usted entrar en su cuarto, arrancar los posters de las paredes, echar la marihuana por el retrete y quitar el equipo de audio! Y si esto no funciona, saque la puerta del cuarto y guárdela en el garaje. Si aún no comprende el mensaje, tome sus muebles, uno a uno y quítelos de la habitación. Cuando su hijo solo tenga una frazada y una almohada para dormir en el piso, quizá entonces comprenda el mensaje.

Un papá que camina con Dios diría, como Josué: *"Yo y mi casa serviremos a Jehová"* (Josué 24:15).

Estas medidas drásticas son rara vez necesarias, gracias a Dios. Pero puede serle útil a usted y a su familia el saber que pueden sentarse y decidir juntos lo que se considerará aceptable como actitud, conducta, y decoración o sonido en su hogar. Quizá hasta pueda escribirlo todo, a modo de contrato entre ustedes y sus hijos.

¿Está de acuerdo usted con el plan de acción que presentamos? Si no es así, ¿de qué modo le ha indicado Dios que debe manejar este asunto tan importante?

Legalismo y superstición

Si Satanás no puede convencernos para que conservemos objetos que contaminan nuestras vidas, aun así puede provocarnos al legalismo y la superstición. En ambos casos, ganará.

Yo (Alice) recibí una llamada de una mujer obsesionada por el miedo. Llevé a un equipo de mujeres conmigo cuando visité su hogar. Nos impactó terriblemente el ver que había prendido con alfileres una cantidad de mantos de oración a sus cortinas, cuadros, cobertores de cama, y también sobre su cuerpo.

–¿También sobre tu cuerpo? ¿De qué manera? –le preguntamos.

Se levantó la blusa, y vimos que de su sostén pendían trozos de tela blanca, prendidos con alfileres de seguridad.

> **Si Satanás no puede convencernos para que conservemos objetos que contaminan nuestras vidas, aun así puede provocarnos al legalismo y la superstición. En ambos casos, ganará.**

–¿Eso es todo? –le pregunté.

–No –respondió tímidamente. Se bajó los pantalones para mostrarnos una docena o más de trozos de tela, abrochados a su bombacha.

—¿Por qué haces esto? —quise saber.

—Recibí estos trozos de tela de oración ungidos por un evangelista de la televisión, y él me prometió que me protegerían del mal. Esta señora había caído en la superstición. Nuestra vida en rectitud y la bondad de Dios son nuestra protección, y no un trozo de género.

Recuerde: no debemos ser ni legalistas, ni críticos, ni temerosos ni supersticiosos. Debemos poder discernir y, por sobre todas las cosas, buscar la voluntad de Dios y su guía en estos asuntos. ¡No se apure a juzgar!

¿Debemos entonces negarnos a comprar el periódico porque contiene un aviso de cerveza, o una sección de astrología? Use el sentido común, sea cauteloso y, por sobre todo, sea obediente. Después de todo, *"Ciertamente el obedecer es mejor que los sacrificios"* (1 Samuel 15:22). Ore y busque consejo según la voluntad de Dios si lo necesita. Dios nos dice: *"La paz de Dios gobierne en vuestros corazones"* (Colosenses 3:1).

Oración

Dios Padre, te amo y jamás querría deshonrarte. Me siento entusiasmado por todo lo que tú me enseñas ahora. Tu revelación me libera. Muéstrame las áreas de mi pasado que requieren de arrepentimiento.
(Aquí, espere al Señor).

Me arrepiento por las relaciones equivocadas en las que me involucré. (Nómbrelas).

Límpiame ahora, y libérame de toda posibilidad que el enemigo pueda tener sobre mí. Muéstrame qué objetos debo descartar porque pertenecen a relaciones pasadas equivocadas, y lo haré.

Con los ojos abiertos y en voz alta, diga: **Espíritus de las tinieblas, rompo todo lazo del alma que sea impuro, entre ustedes y yo** (haga una lista).

_____

_____

_____

Cancelo toda perversión por medio de la fornicación, el adulterio, la pornografía o la lujuria mental, en nombre de Jesús. Según las palabras de Mateo 3:10, destruyo toda raíz de las tinieblas que no dé buen fruto, pasado o presente.

Gracias, Padre, por ayudarme. En nombre de Jesús. Amén.

CAPÍTULO SEIS

El proceso de purificación

En Levítico, libro del Antiguo Testamento, leemos cómo los sacerdotes llevaban a cabo ritos de purificación. Básicamente, ofrecían un sacrificio, hacían la unción con aceite, anunciaban la limpieza o purificación y pronunciaban una bendición. Una vez purificados, podían entrar en la voluntad de Dios para ellos, para ser santificados.

> *Santificaos, pues, y sed santos, porque yo Jehová soy vuestro Dios. Y guardad mis estatutos, y ponedlos por obra. Yo Jehová que os santifico (...) Habéis, pues, de serme santos, porque yo Jehová soy santo* (Levítico 20:7-8, 26).

Lector, usted es un sacerdote y forma parte de un reino de sacerdotes (ver Apocalipsis 1:6). Conságrese al Señor, obedezca el llamado de Dios por medio del rey Ezequías, para limpiar su vida de todo lo que sea impuro:

> *Santificaos ahora, y santificad la casa de Jehová el Dios de vuestros padres, y sacad del santuario la inmundicia. Porque nuestros padres se han rebelado, y han hecho lo malo ante los ojos de Jehová nuestro Dios; porque le dejaron, y apartaron sus rostros del tabernáculo de Jehová, y le volvieron las espaldas (...) Por tanto, la ira de Jehová ha venido sobre Judá y Jerusalén, y los ha entregado a turbación, a execración y a escarnio, como veis vosotros con vuestros ojos. Y he aquí nuestros padres han caído a espada, y nuestros hijos, nuestras hijas y nuestras mujeres fueron llevados cautivos por esto (...) Entonces vinieron al rey Ezequías y le dijeron: Ya hemos limpiado toda la casa de Jehová, el altar del holocausto, y todos sus instrumentos, y la mesa de la proposición con todos sus utensilios. Asimismo hemos preparado y santificado todos los utensilios que en su infidelidad había desechado el rey Acaz, cuando reinaba; y he aquí están <u>delante del altar de Jehová</u>* (2 Crónicas 29:5-6, 8-9, 18-19, frase subrayada por los autores).

Una de las claves para nuestra victoria está en poner nuestras vidas y pertenencias "delante del altar del Señor".

¡Guarde la levadura!

La levadura, en las Escrituras, representa al pecado, al mal o a la doctrina falsa. Por esta razón el Señor llamó a los israelitas a limpiar sus hogares, quitando la levadura, no solo una vez, sino todos los años. Moisés le dio las siguientes instrucciones al pueblo de Israel:

> Y este día os será en memoria, y lo celebraréis como fiesta solemne para Jehová durante vuestras generaciones; por estatuto perpetuo lo celebraréis. Siete días comeréis panes sin levadura; y así <u>el primer día haréis que no haya levadura en vuestras casas</u>; porque cualquiera que comiere leudado desde el primer día al séptimo, será cortado de Israel. El primer día habrá santa convocación, y asimismo en el séptimo día tendréis una santa convocación; ninguna obra se hará en ellos, excepto solamente que preparéis lo que cada cual haya de comer. Y guardaréis la fiesta de los panes sin levadura, porque en este mismo día saqué vuestras huestes de la tierra de Egipto; por tanto, guardaréis este mandamiento en vuestras generaciones por costumbre perpetua. En el mes primero comeréis los panes sin levadura, desde el día catorce del mes por la tarde, hasta el veintiuno del mes por la tarde. <u>Por siete días no se hallará levadura en vuestras casas</u>; porque cualquiera que comiere leudado, así extranjero como natural del país, será cortado de la congregación de Israel. Ninguna cosa leudada comeréis; en todas vuestras habitaciones comeréis panes sin levadura (Éxodo 12:14-20, frase subrayada por los autores).

En cada hogar judío el padre reuniría a la familia para esta celebración anual. Antes de la ceremonia en observación de las indicaciones de Dios, escondería el pan con levadura en diversos lugares de la casa, para simbolizar al pecado. Durante la celebración, los miembros de la familia buscarían por la casa estos trozos de pan con levadura. Especialmente a los niños les gustaba este tradicional juego.

Cada vez que encontraban un trozo de pan con levadura, el padre judío tomaría una cuchara, una espátula y una pluma, para limpiarlo cuidadosamente. Luego de leer las Escrituras y orar juntos por el pecado escondido, la familia quemaría el pan con levadura fuera de su casa, para simbolizar de este modo la eliminación del pecado personal.

Recuerde, los símbolos físicos a menudo tienen significado espiritual. Por ejemplo, a causa de que Moisés golpeó la roca dos veces, cuando Dios le dijo que debía hacerlo solo una vez, no se le permitió entrar en la Tierra Prometida. ¿Por qué? Porque esto era más que una simple desobediencia: la roca representaba a Cristo. Cristo fue golpeado una vez a causa del pecado, y no dos veces. ¡Moisés así negaba el símbolo de Dios!

¿Por qué carece de poder la iglesia?

Al no obedecer a Dios, como lo hizo Moisés, renunciamos al poder de Dios en nuestras vidas. La impotencia espiritual de la Iglesia debería preocuparnos. ¿Por qué carecemos de poder? ¿Por qué se ve tan comprometida nuestra autoridad sobre el enemigo? ¿Por qué se demora el reavivamiento?

Recuerde estas lamentables palabras de Josué 7:12-13 (frases subrayadas por los autores):

> Por esto <u>los hijos de Israel</u> no podrán hacer frente a sus enemigos, sino que delante de sus enemigos volverán la espada, <u>por cuanto han venido a ser anatema</u>; ni estaré más con vosotros, si no destruyereis el anatema de en medio de vosotros. Levántate, santifica al pueblo, y di: Santificaos para mañana; porque Jehová el Dios de Israel dice así: <u>Anatema hay en medio de ti, Israel; no podrás hacer frente a tus enemigos, hasta que hayáis quitado el anatema de en medio de vosotros.</u>

Los ejércitos de Israel habían derrotado a Jericó, pero ahora se veía comprometida su propia seguridad. Carecían de poder. Tenían miedo. El versículo 5 dice: *"El corazón del pueblo desfalleció y vino a ser como agua"*. Sorprendentemente, es esta la misma descripción que se hace anteriormente respecto de los enemigos de Israel. Ahora, la situación se había invertido.

¿Cuál era la razón de su miedo, intimidación y falta de poder contra los enemigos de Dios? Josué quería saberlo.

Dios le dio la respuesta: *"Israel ha pecado, y aun han quebrantado mi pacto que yo les mandé; y también han tomado del anatema, y hasta han hurtado, han mentido, y aun lo han guardado entre sus enseres"* (Josué 7:11, frase subrayada por los autores). ¿Recuerda? Un solo hombre –Acán– había tomado objetos prohibidos de Jericó, y los había enterrado debajo de su tienda. A causa de esto, ¡una nación entera se había visto impedida, en derrota.!

Hoy la iglesia se ve impedida porque el pueblo de Cristo no ve la clave que se necesita para abrir la puerta al reavivamiento: eliminar de nuestras vidas las cosas que conllevan contaminación demoníaca.

Del mismo modo, hoy la iglesia se ve impedida porque el pueblo de Cristo no ve la clave que se necesita para abrir la puerta al reavivamiento: eliminar de nuestras vidas las cosas que conllevan contaminación demoníaca. ¿Hay objetos maldecidos en su hogar? Deuteronomio 7:25-26 nos advierte que los objetos de idolatría, aún la plata o el oro, pueden hacernos caer en la trampa:

Las esculturas de sus dioses quemarás en el fuego; no codiciarás plata ni oro de ellas para tomarlo para ti, para que no tropieces en ello, pues es abominación a Jehová tu Dios; y no traerás cosa abominable a tu casa, para que no seas anatema; del todo la aborrecerás y la abominarás, porque es anatema (Deuteronomio 7:25-26).

Los siete pasos de la purificación

Aquí enumeramos los pasos que Dios le indicó a Josué. ¿Por qué no los sigue usted hoy mismo?

1. Presentarse ante el Señor para su inspección.
La auto evaluación no es suficiente. ¿Por qué? Porque: *"Engañoso es el corazón, más que todas las cosas, y perverso; ¿quién lo conocerá?"* (Jeremías 17:9).

Debemos hacer lo que hizo David. Debemos presentarnos ante Dios para que Él nos inspecciones. David oró: *"Examíname, oh Dios, y conoce mi corazón; pruébame y conoce mis pensamientos; y ve si hay en mí camino de perversidad, y guíame por el camino eterno"* (Salmo 139:23-24).

Si somos realmente sinceros en esto, podemos pedirle a nuestra familia y amigos en Cristo que también examinen nuestras vidas.

2. Santifíquese. Es tiempo de santificar nuestra persona y nuestras pertenencias ante el Señor.
Santificarnos es dedicar nuestra persona a Dios, y únicamente a Él. La palabra "santificar" viene de la palabra hebrea *qadash*, que significa "apartar de lo profano para un propósito sagrado".[1] Necesitamos comprometernos a vivir vidas santas ante el Señor, descartar lo viejo y recibir el nuevo mandato de vivir en Cristo.

Cuando la esposa de un diácono comenzó a explicarnos sobre la relación de su hija con el satanismo, el Señor nos dio lo que algunos llaman la palabra de sabiduría, o impresión espiritual.

–Olvidémonos por un momento del satanismo de su esposa –dijimos–. Cuéntenos sobre la pornografía de su marido.

Claramente, su esposo estaba muy involucrado con la pornografía. Había abierto la puerta a lo demoníaco. ¡Ahora lo demoníaco destruía la vida de su hija!

En otra ocasión un diácono le prestó a su hijo adulto uno de sus videocasetes en blanco para grabar su programa de televisión favorito. Unos días más tarde, mientras el hijo veía el final del programa grabado, aparecieron en la pantalla imágenes de pornografía infantil. La cinta reveladora era algo que su padre luego deseó no haberle prestado nunca en un momento de apuro. Números 32:23 dice: *"Sabed que vuestro pecado os alcanzará"*.

Si se encuentra usted culpable de pecado, malas actitudes o mala conducta, entonces arrepiéntase (ver 1 Juan 1:7-10). No solo debemos arrepentirnos por nuestros pecados, sino que si encontramos contaminación en nuestra propiedad a causa de los pecados de otros, también debemos arrepentirnos ante Dios por ello.

Si conoce que hubo actividades relacionadas con el mal en su propiedad, antes de que usted tomara posesión, debe arrepentirse en representación de quienes las cometieron, como Nehemías se arrepintió en representación de su nación, de sus hombres y de sus antepasados (ver Nehemías 1:6). A esto se lo conoce como arrepentimiento identificacional.

En su libro *The Voice of God* (*La voz de Dios*), la autora y maestra Cindy Jacobs escribe:

> ¿Qué hizo Daniel para que Dios liberara al pueblo? Se arrepintió en representación de este, y los amonestó: *"Hemos pecado, hemos cometido iniquidad, hemos hecho impíamente y hemos sido rebeldes"* (Daniel 9:5). Esta

manera de orar también fue utilizada por Esdras y Nehemías, y se la llama "arrepentimiento identificacional".

El arrepentimiento identificacional ocurre cuando una persona se arrepiente por los pecados colectivos de su nación. ¿Significa esto que cada persona no es personalmente responsable ante Dios por sus pecados individuales? Claro que no. Cada persona debe presentarse ante Cristo, por sus propios pecados (ver Juan 3:16; Apocalipsis 20:13).[2]

3. Localice los objetos ofensivos.

Acán confesó que había tomado una hermosa bata de Babilonia. Babilonia, en las Escrituras, es conocida como la sede de Satanás, o el centro del mal en la Tierra. Según Ralph Woodrow, en su libro *Babylon Mystery Religion:*

> Herodoto, el viajero que recorrió el mundo, el historiador de la antigüedad, presenció la religión del misterio y sus ritos en cantidad de países, y menciona el modo en que Babilonia era la fuente primordial de donde todos los sistemas de idolatría partían y se difundían. Bunsen dice que el sistema religioso de Egipto derivaba de Asia y "el primitivo imperio de Babel".[3]

De la inmensidad de la cultura pagana Acán había tomado doscientos siclos de plata y un lingote de oro que pesaba cincuenta siclos. *"Lo codicié* –dijo Acán– *y tomé"* (Josué 7:21). Amaba a estos objetos más de lo que amaba a Dios. Deseaba su presencia en su casa, más de lo que deseaba la presencia del Señor. Admitió: *"Está escondido bajo tierra en medio de mi tienda, y el dinero debajo de ello"* (Josué 7:21).

¿Está usted dispuesto a comprometerse con la santidad?

4. Líbrese de los objetos que traen contaminación.

Quite de su hogar todo aquello que tenga relación con lo oculto, con cultos paganos y con el pecado. La única solución es quitarlos de su propiedad y destruirlos por completo, no regalarlos. Estos objetos atraen a los espíritus demoníacos y les dan derecho a habitar su casa; si no destruye estas armas del enemigo, será cómplice de su maldad (ver Santiago 4:17).

Dicho esto, recuerde, no tenemos derecho a destruir lo que pertenece a otros. Sin embargo, somos responsables de actuar como Dios nos indique y, al cumplir su voluntad, somos santificados.

5. Tómelo en serio.

En la historia de Josué, una vez que los israelitas obedecieron al Señor y destruyeron el botín, el favor de Dios volvió a ellos. Inmediatamente después de su arrepentimiento y purificación, ¡Israel destruyó por completo la ciudad de Hai y a su rey! ¡No había quién pudiera enfrentarlos!

Se preguntará usted, quizá: "¿Pero esto no es del Antiguo Testamento? ¿Qué tiene que ver conmigo, hoy?" Pablo explicó: *"Estas cosas les acontecieron como ejemplos y están escritas para nuestra instrucción, para nosotros sobre quienes ha llegado el fin de las edades. Así que, el que piensa estar firme, mire que no caiga"* (1 Corintios 10:11-12, frase subrayada por los autores). Si las exigencias de la santidad eran tan importantes bajo el gobierno de la ley, ¿cuánto más lo serán bajo el de la gracia?

6. Renuncie al enemigo y a todo lo que tenga que ver con él.

Rompa todo contrato y lazo impuro que haya hecho con las tinieblas, ya sea adrede o sin saberlo. Diga en voz alta: "Rompo todo lazo impuro que hice durante mi relación impura con _____ (nombre a la persona o al pecado). Corto estos lazos ahora, por medio de la sangre de Jesús. Al hacerlo, cierro la puerta de entrada que le abrí al enemigo al cometer ese pecado".

Por favor, repita esto para cada uno de los objetos, o si es necesario, para cada persona.

7. Finalmente, consagre su vida y sus pertenencias a la gloria del Señor.
Algunos cristianos deciden ungir sus casas con óleo o aceite. El aceite simboliza al Espíritu Santo. Esto se conoce como acto profético. No sabemos si es necesario o no. Cada uno de nosotros debe pedir la guía del Señor en cada situación.

Jesús creó historias –llamadas parábolas– para comunicar sus enseñanzas. Al terminar este libro, le presentamos una parábola que creamos para usted.

La parábola de Bill y Mary

Bill y Mary llevaban casados ya varios años. Sus hijos habían crecido y ya no vivían con ellos. Mary era una cristiana comprometida, pero Bill vivía sin Cristo. Toda su vida había estado dedicado a su negocio.

En la iglesia de Mary se llevaba a cabo una cruzada de evangelización que duraría una semana. Convenció a Bill para que asistiera al servicio del domingo por la noche con ella. Para que se sintiera más cómodo se sentaron en la última fila de asientos, al fondo. Mientras el evangelista predicaba, invitó a los asistentes a recibir a Cristo. Bill comenzó a sentir algo que nunca antes había sentido, como si el dedo de Dios estuviera tocándole el corazón. Se sentía expuesto, nervioso, vulnerable, perdido. Escuchó la historia de la muerte de Cristo en el Calvario y se sintió sobrecogido por su propia maldad. Caminó casi a los tumbos hasta el frente del auditorio, y con lágrimas en los ojos confesó su pecado. Se arrepintió e invitó a Jesucristo a entrar en su vida, y maravillosamente, fue salvo. ¡Bill era hombre nuevo! ¡Mary y sus amigos se sentían muy felices! Habían orado por la salvación de Bill durante años.

Esa noche, Mary y Bill ya estaban casi dormidos cuando a Bill lo acosó la culpa. Intentó escapar de ella, pero no pudo. Se volvió hacia Mary y le dijo, sollozando:

—Mary, tengo algo que confesarte.

—¿Te refieres a Janet?" —preguntó Mary.

—Sí —contestó Bill— Pero ¿cómo es que sabes acerca de Janet?

—Bill, durante dos años lo he sabido —respondió.

Bill estaba atónito.

—¿Y en tu corazón pudiste perdonarme por pecar contra ti y contra Dios como lo hice?

Mary sonrió, acariciándole la barbilla dijo:

—Amor, esta noche Dios perdonó todos tus pecados. Yo te amo, y por supuesto, te perdono.

Bill se durmió, sintió una paz que jamás había conocido antes.

Al día siguiente Bill fue a trabajar. ¡Había nacido de nuevo! Era como si comenzara una vida nueva. Se detuvo de camino a casa por la tarde, para comprarle unas flores a Mary. No podía creer que su nueva relación, centrada en Cristo, fuera algo tan cálido. *¿Por qué había esperado tanto tiempo?*, se preguntó.

Trate a Satanás sin misericordia. Renuncie a su obra. ¡Quítele la oportunidad de lastimarlo y comience una vida nueva!

El martes por la mañana, llamó a casa e invitó a Mary a almorzar con él. Cristo había traído algo nuevo a su matrimonio, ¡y era maravilloso! Bill y Mary experimentaban la unión espiritual más genuina ahora; y después de tantos años, ¡finalmente escribían juntos la misma página en sus vidas! Es por eso que Bill se sentía como recién casado.

El miércoles por la mañana la secretaria de Bill le anunció por el intercomunicador:

—Janet está aquí para verte, Bill.

Bill sintió que la sangre se le helaba. *¡Oh, no! ¡Es Janet!*, pensó. Luego, volvió a sentir que había corregido su vida ante Dios y ante Mary. Pero se había olvidado de romper su pecaminosa relación con Janet.

¿Comprende usted el mensaje? Es importante romper con las relaciones con el enemigo. Este no obedece a Dios, porque está en rebeldía contra Él y hará todo lo posible por arruinar la efectividad del Reino de Dios. El diablo conoce cómo le conviene impedir que usted se relacione con Dios, y trabajará para impedir que usted se acerque a Cristo. ¡No tenga misericordia para con Satanás! ¡Quítele la oportunidad de hacerle daño a usted, y comience una vida nueva! Jesús dijo: *"Desde los días de Juan el Bautista hasta ahora, el reino de los cielos sufre violencia, y los violentos lo arrebatan"* (Mateo 11:12).

Si pone usted en práctica los principios que hemos presentado en este libro, no tenemos ninguna duda que *"el que en vosotros comenzó la buena obra, la perfeccionará hasta el día de Cristo Jesús"* (Filipenses 1:6).

Oración

Señor, gracias porque lo que has comenzado en mí lo completarás. Recibo tu libertad y caminaré en la victoria que tú me has dado en obediencia a ti. Te amo, Jesús. ¡Amén!

Notas

1. Finis Jennings Dake, *Biblia de Referencia Dake*, según referencia de Éxodo 13:2 (Buenos Aires, Editorial Peniel, 2004).
2. Cindy Jacobs, *La voz de Dios* (Nashville TN. Editorial Caribe, 1996).
3. Ralph Woodrow, *Babilonia Misterio Religioso* (Barcelona, España, Editorial Clie, 1987).

ANEXO A

Revisión personal

- ¿Qué hay hoy en su hogar?
- ¿Le ha mostrado Dios una o más pertenencias de su hogar que Él quiere que sean desechadas ahora mismo?
- ¿Hay alguna relación en su vida que deshonre a Dios? ¿Y qué hay de relaciones pasadas? ¿Está dispuesto a arrepentirse y cortar con estas relaciones?
- ¿Volverá usted su corazón hacia Dios para oír lo que Él le dice respecto de su vida, su hogar y sus pertenencias? ¿Le obedecerá sin importar el costo?
- ¿Quién es el dueño de su vida? ¿No es hora de que delegue su vida y sus pertenencias en manos de Dios?
- ¿Ha experimentado que luego de limpiar su hogar ocurre un cambio espiritual en el ambiente espiritual del mismo?

Nos regocijamos con usted mientras toma en cuenta estos puntos de acción, y luego hace lo que se necesita hacer para ganar la libertad. ¡Ayude a otros a conocer la verdad!

ANEXO B

Recursos recomendados

(Bibliografía en inglés)

- Jacobs, Cindy. Libéranos del mal. Casa Creación, 2001
- Wagner, C. Peter. Confrontemos las potestades. Betania-Caribe, 1997
- Wagner, Doris. Cómo hechar fuera demonios. Betania-Caribe, 2001
- Alex W. Ness. Transferencia de espíritus. Editorial Peniel, 2001
- Mario Bertolini. Ocultismo, guerra espiritual y liberación. Editorial Peniel, 2003
- Rick Godwin. Exponiendo la hechicería en la iglesia. Editorial Peniel, 2000
- John Paul Jackson. Desenmascarando al epíritu de Jezabel. Editorial Peniel, 2004

ANEXO C

Contactos de ministerio

Eddie y Alice Smith viajan por todo el mundo para enseñar sobre diversos temas relacionados con el reavivamiento y el despertar espiritual. Los Smith enseñan juntos y por separado, enfocan sus enseñanzas en la oración, la intercesión, la liberación, la adoración, el bienestar espiritual, el examen espiritual personal y la vida cristiana.

Para más información acerca de la posibilidad de una conferencia de los Smith en su iglesia o ciudad, por favor vea su sitio web: www.usprayercenter.org. Cuando haga click sobre Invite a los Smith, encontrará un formulario de invitación para completar y enviar en línea. O puede enviarnos un e-mail en blanco a request@usprayercenter.org. Un mensaje de respuesta automático le enviará un formulario de invitación por e-mail a su dirección de correo electrónico.

Recursos de oración

También puede solicitar otros materiales de los autores, además de los recursos que recomiendan, en www.prayerbookstore.com

Gacetillas periódicas sin cargo

"**PrayerNet**" (disponible solo en inglés)

Alice Smith es la editora principal de esta publicación informativa quincenal en Internet. Únase a los millones de personas de todo el mundo que reciben PrayerNet. Para suscribirse, envíe un e-mail en blanco a prayernet-subscribe@usprayercenter.org.

UpLink (disponible solo en inglés)
Suscríbase a la publicación impresa mensual sin cargo de Eddie y Alice: UpLink (solo en los EE.UU.), llame al 713-466-4009 o al 800-59-4825, o envíe un e-mail con su nombre y dirección postal a uplink@usprayercenter.org

Eddie & Alice Smith
U.S. PRAYER CENTER
7710-T Cherry Park Dr., Ste 224, Houston, TX 77095, EE.UU.
Teléfono: (713) 466-4009; (800) 569-4825
Fax: (713) 466-5633
e-mail: usprayercenter@cs.com
Website: www.usprayercenter.org
Librería: www.prayerbookstore.com

Glosario

Aborígenes: los más antiguos habitantes de un lugar.

Adivinación: predicción del futuro o revelación de objetos mediante la utilización de poderes mágicos.

Alianza impura: ver **lazo del alma**.

Amuleto: objeto utilizado para protegerse de la enfermedad o los hechizos.

Ángeles: seres espirituales inmortales creados por Dios para cumplir con sus designios; operan en diferentes niveles de autoridad (ver Efesios 6:12).

Ángeles caídos: ver **demonio**.

Ankh egipcio: la cruz con un círculo en la parte superior; representa a una diosa del sexo que desprecia a la virginidad. También es símbolo que promueve los derechos a la fertilidad, adora a Ra, el dios-Sol egipcio (Lucifer).

Aparición: figura espiritual.

Arca de la Alianza: una gran caja de madera recubierta de oro, en la que dos ángeles con las alas extendidas se hallaban sentados –protegían el contenido de la caja– y representa la alianza de Dios con la humanidad.

Artefacto: objeto producido o moldeado por la mano de un ser humano, especialmente una herramienta, un arma o adorno de interés histórico o arqueológico.

Artes marciales: cualquiera de las artes asiáticas de combate o autodefensa tales como *aikido, karate, yudo o tae kwon do*, basados en deidades paganas y usualmente practicadas como deporte.

Asera – obeliscos: ver **obeliscos**.

Astrología: el estudio de las posiciones y aspectos de los cuerpos celestes –mediante el uso del zodíaco– basado en la creencia de que las estrellas tienen influencia sobre el curso de la historia de los seres humanos.

Atmósfera espiritual: la presencia espiritual predominante de un lugar.

Babel: nombre hebreo para Babilonia, que significa "confusión".

Babilonia: una ciudad edificada por Nimrod, ubicada en lo que es hoy Irak, considerada la sede de Satanás. Las Escrituras indican que será destruida en los últimos tiempos (ver Apocalipsis 14:8-18).

Beelzebú: uno de los nombres de Satanás, también llamado el Señor de las Moscas.

Bola de cristal: esfera de cristal límpido y de alta calidad, utilizada por los mediums para ver el futuro.

Brujo/a: quien busca poder sobrenatural mediante la práctica de la brujería, busca la asistencia de espíritus demoníacos.

Cientología: religión racionalista fundada por el norteamericano L. Ron Hubbard; sistema de creencias que enfatiza la sanidad de la mente y el cuerpo por medio de la obediencia a ciertas reglas.

Contaminar: hacer impuro, infectar, contagiar.

Cuentapenas: una hilera de cuentas utilizadas para contar entre los dedos como forma de relajación o distracción.

Curandero: sacerdote de lo oculto o *shamán* que invoca al poder demoníaco para lograr un propósito dado.

Demonio: ser supernatural maléfico; un diablo.

Demonizado: ver **posesión demoníaca**.

Desorden de personalidad múltiple: el diagnóstico psiquiátrico equivocado para lo demoníaco, que sugiere que durante un trauma, el alma humana se divide en múltiples personalidades que deben identificarse para poder conocerse y fundirse en una misma personalidad sana.

Diablo: el arcángel expulsado del cielo por liderar una revuelta de ángeles; Satanás; la personificación de la maldad y el archienemigo de Dios. También se utiliza para referirse a espíritus del mal, subordinados.

Dragón: entidad espiritual descripta como un reptil gigante con garras de león, cola de serpiente, alas y piel cubierta de escamas; símbolo de Satanás.

Encantamiento: una fórmula o palabras utilizadas para producir efectos mágicos o sobrenaturales; cantar un hechizo.

Espíritu acompañante: un demonio que se comunica con los mediums.

GLOSARIO

Fetiche: objeto que es usado dominar un ambiente a traves de poderes magicos.

Fortaleza: lugar fortificado o fuerza

Gárgolas: Figuras ornamentales de grotesca arquitectura que se encuentran en antiguas construcciones; se creía que ellas espantában espíritus malignos.

Geomancia: sistema asiático que buscaba el perfeccionamiento de vidas. Es una mezcla entre la geometría y el espiritismo, que contiene algunas de las teorías sostenidas por la masonería.

Guardián de la fortaleza: Demonio que domina la fortaleza (Ver Mateo 12.29)

Hai: ciudad de Canaán cuyo nombre significa literalmente "montón de ruinas".

Hechicero/a: quien busca echar hechizos por medio de encantamientos, manipular espíritus o practicar la magia negra.

Iglesia de la Unidad: un grupo religioso que adhiere a la doctrina de la salvación universal sin que importe la creencia en la muerte y resurrección de Jesús.

Lazo del alma: alianza espiritual entre personas, que ejerce un control sobrenatural sobre ellas.

Liberar: (exorcismo) expulsar a un espíritu del mal mediante una orden u oración.

Luna creciente: figura de la Luna en fase creciente o decreciente. Con bordes cóncavos y convexos que terminan en punta. Uno de los símbolos principales del Islam.

Mahometano, musulmán: el que adhiere al Islam, religión monoteísta caracterizada por la sumisión al dios demoníaco Alá y a Mahoma, su principal y último profeta.

Maldecir: buscar confundir a alguien por medio de una maldición.

Maldición: invocación al mal o al infortunio para que caiga sobre alguien o algo (incluye hechizos, "trabajos", etc.)

Metafísico: filosofías sobre realidades más allá de lo físico, es decir, lo espiritual.

Nativo americano: miembro de alguno de los pueblos aborígenes del hemisferio norte cuyos ancestros se cree ingresaron al continente de América desde Asia, por el estrecho de Bering, en algún momento de la era glacial tardía. También conocido como indio americano, amerindio o indio.

Necromancia: práctica de supuestamente comunicarse con los espíritus de los muertos para predecir el futuro.

Nueva Era: amalgama de filosofías metafísicas, naturalistas y espiritualistas que invocan el poder espiritual que no viene de Dios.

Obelisco: pilar de piedra, alto y de cuatro caras con punta piramidal. Aparecido primeramente en Asera, utilizado para adorar a Baal, prohibido por Dios en el Antiguo Testamento. Fue el Asera (o el obelisco) que enfureció tanto a Dios cuando expresó su celo (ver Éxodo 34:13-14; 1 Reyes 14:15, 15-13). El nombre proviene de la palabra hebrea "aser", que significa erigir. Símbolo de lo masculino, se refiere a la cópula de la Tierra con el Sol. Piedra de marcación favorita de la masonería. El Monumento a Washington es el obelisco más conocido en los EE.UU. Completado en 1884, es la estructura masónica más alta del mundo.

Pagano: quien adhiere a la religión de un pueblo o nación que no reconoce al Dios del judaísmo y el cristianismo.

Palabra de conocimiento: un don espiritual, manifestación del Espíritu Santo. El que posee este don conoce más de lo que su naturaleza humana le permite, por medio de la revelación de Dios (ver 1 Corintios 12:8).

Pentagrama/Pentáculo: El pentagrama o estrella de cinco puntas es un antiguo símbolo del paganismo –al igual que el pentáculo, que es una estrella de cinco puntas dentro de un círculo–. Símbolo mágico.

Poltergeist: espíritu ruidoso y por lo general travieso supuestamente responsable de ruidos sin explicación –como golpes en muebles, puertas o paredes–.

Posesión: ver **posesión demoníaca**.

Posesión demoníaca: no mencionada en las Escrituras; las Escrituras utilizan el término "demonizado", que significa estar dominado desde fuera o dentro por uno o más espíritus impuros.

Rosario: hilera de cuentas utilizadas para contar rezos en el catolicismo; otros grupos religiosos usan algo similar.

Satanás: ver **diablo**.

Septuaginta: traducción griega del Antiguo Testamento (c. 300 a.C.)

Glosario

Serpiente de metal: símbolo diseñado por Dios y concretado por Moisés para simbolizar la insensibilidad y obstinación de la humanidad en pecado. Elevado sobre un poste para que quienes fueran mordidos por serpientes venenosas enviadas como castigo por murmurar en contra de Dios y Moisés, pudieran sanar (ver Números 21:4-9).

Shaman: sacerdote o hechicero de lo oculto que utiliza la magia para llamar al poder demoníaco.

Superstición: creencia irracional en que un objeto, acción o circunstancia que no estén lógicamente relacionados con una sucesión de hechos pueda influenciar sobre un resultado.

Talismán: objeto del que se cree que confiere poderes sobrenaturales, buena suerte o protección a quien lo lleva.

Yoga: disciplina hindú que busca entrenar la conciencia para encontrar un estado de tranquilidad y comprensión espiritual perfectas.

Zodíaco: carta o mapa celestial que representa los caminos de los principales planetas en nuestro sistema solar. Base de la astrología, no relacionado con el legítimo estudio de la astronomía. El zodíaco, la carta o mapa en la que se basa la astrología, no tiene nada que ver con la ubicación real de las estrellas o planetas.